# Gestão Digital

Este livro segue o Novo Acordo Ortográfico de 1990.



**Diretor Executivo**
Guther Faggion

**Diretor de Operações**
Jardel Nascimento

**Diretor Financeiro**
Nilson Roberto da Silva

**Editora Executiva**
Renata Sturm

**Editora**
Gabriela Castro

**Direção de Arte**
Rafael Bersi, Matheus Costa

**Redação**
Thaise Xavier

**Revisão**
Daniela Georgeto, Maurício Katayama

**Assistente Editorial**
Vanessa Nagayoshi

**DADOS INTERNACIONAIS DE CATALOGAÇÃO NA PUBLICAÇÃO (CIP)**
ANGÉLICA ILACQUA - CRB-8/7057

SALOMÃO, Ellen
Gestão digital : o guia essencial para alcançar o sucesso no mercado on-line/ Ellen Salomão.
São Paulo : Maquinaria Sankto Editora e Distribuidora LTDA, 2021.
192 p.

ISBN 978-65-88370-20-9

1. Marketing digital 2. Empreendedorismo I. Título

21-3581 CDD-658.84

**ÍNDICES PARA CATÁLOGO SISTEMÁTICO:**
1. Marketing digital

maquinaria EDITORIAL

R. Ibituruna, 1095 - Parque Imperial,
São Paulo - SP - CEP: 04302-052
**www.mqnr.com.br**

# Gestão Digital

Ellen Salomão

*O guia essencial para alcançar o sucesso no mercado on-line*

mqnr

# Su
# má
# rio

Dedico este livro ao meu marido, Andrei, à minha filha, Aurora, à minha irmã, sócia e parceira de vida, Bibi, e à minha mãe, Celma, que foi um apoio incondicional desde sempre.

# PREFÁCIO

Fundei o Viver de Blog em 2009 e ao longo desses mais de 12 anos de história, pude presenciar de perto o nascimento e a transformação de um mercado: o mercado digital.

Minha empresa se transformou em um negócio com mais de 8 dígitos de faturamento, dezenas de colaboradores, centenas de alunos e mais de 15 milhões de visitantes, enquanto o mercado digital também se profissionalizava e abria espaço para que novos negócios e players surgissem.

Mas ao mesmo tempo que o mercado digital se tornava uma abundância de oportunidades, ele também ia ficando cada vez mais exigente. Falando do ponto de vista de quem começou quanto tudo era internet discada, posso garantir que não existe mais espaço para amadorismo. É por isso que este livro é uma ótima ferramenta para ajudar projetos e empresas a ganharem vida e base para se firmarem no mercado.

Ellen Salomão atua há muito tempo neste processo de coordenar uma empresa com dezenas de colaboradores, e eu pude acompanhar de perto seus resultados extraordinários. Em três anos, ela conseguiu firmar sua bandeira de que uma gestão, quando bem-feita, promove resultados incríveis dentro de uma agência, de uma empresa ou de um projeto.

Admiro particularmente como a Ellen consegue exercer a gestão de pessoas de maneira exemplar, se colocando como líder e não como chefe do seu time. Para mim esse é o ponto focal do sucesso de um negócio, pois uma empresa é formada de pessoas, que compram de pessoas, que negociam e se relacionam com pessoas. Só é possível deixar um legado de transformação e desenvolver um negócio forte quando você entende a importância e consegue gerir e treinar bem o seu time.

O que eu recomendo para você durante a leitura do *Gestão Digital* é que confie nos processos e no método correto. Encare o movimento de profissionalização que o mercado digital está passando como uma oportunidade para começar a gerir melhor o seu projeto, empresa ou agência.

Encare este livro como uma base para você começar ou remodelar o seu negócio, tendo como mentora uma das maiores gestoras que eu pude acompanhar. Confie nos processos e no que a Ellen Salomão tem para te ensinar e se prepare para deixar o seu legado!!

*Henrique de Carvalho*
*Criador do Viver de Blog*

# Start

## Brasília, 14 de maio de 2016

Deitada em um dos quartos do Hospital Santa Lúcia, enquanto minha filha dormia no pequeno berço ao lado, eu encarava um celular lotado de mensagens e uma caixa de e-mail que ignorava minha situação atual e não parava de piscar.

Menos de duas horas antes eu estava em uma sala de parto e, enquanto sentia as dores de um parto normal, não deixava de pensar em uma matéria que tinha lido semanas antes que comparava a dor de dar à luz a de levar algumas facadas. Eu tinha certeza de que as facadas teriam doído bem menos, porque a sensação era de ter sido esfaqueada, atropelada e retorcida várias vezes.

Aurora nasceu às 14h daquele sábado, mas, considerando que o parto durou apenas quarenta minutos, pouco tempo depois de eu ter dado entrada no hospital, ele bem poderia ter acontecido no meio de uma feira agropecuária que eu havia montado, a mais de 150 quilômetros de casa, dois dias antes.

E ali estava eu de volta.

Com o celular na mão, como se tivesse feito apenas uma pausa para o almoço, e com uma sensação de esgotamento tão forte que demorou algum tempo até a ficha cair de que eu finalmente estava conhecendo a minha filha e sentindo a emoção de tê-la nos braços após meses sonhando com isso. Ao mesmo tempo, parecia que eu nem havia tido uma filha, pois já precisava trabalhar; tinha sido assim durante toda a gestação, lidando com o estresse físico e emocional de organizar eventos na contramão do horário comercial e gerenciando todos os problemas enquanto eles estavam acontecendo.

O cenário foi o mesmo quando retornei para casa. Não houve licença-maternidade para me adaptar à nova rotina e ir retornando aos poucos para o trabalho. Eu negociava com um fornecedor enquanto amamentava a Aurora, respondia um orçamento enquanto a fazia dormir, falava ao telefone enquanto trocava fraldas; ou seja, continuava tomando as pequenas e as grandes decisões dentro da minha agência de eventos, pois não havia o mínimo de planejamento e processos que permitisse que a minha empresa andasse sem a minha presença.

Foi nesse momento da minha vida que deu um estalo na minha cabeça e, como diz o meme da internet, percebi que "algo de muito errado não estava certo".

Era insustentável ter uma empresa com faturamento anual de mais de 2 milhões de reais, tendo no portfólio clientes como a Volkswagen, mas ser a responsável por decidir até a marca de caneta comprada pelo escritório. Eu não havia capacitado o meu time para ser uma engrenagem que funcionasse de maneira independente, por isso passava os meus dias numa rotina de montar e desmontar eventos, trabalhando madrugadas e finais de semana, sendo chamada a cada segundo para tomar todas as decisões.

A agência era um grande castelo de areia com um faturamento milionário, mas 80% dele eram provenientes de apenas um cliente, o que nos tornava extremamente vulneráveis. A sociedade existente entre mim, minha mãe e meu irmão não possuía um contrato social, tampouco definição de tarefas e responsabilidades, de modo que não havia separação entre vida particular e trabalho, e todas as possibilidades de crescimento dependiam da minha capacidade de execução, já que eu era responsável por cuidar do evento de ponta a ponta.

Mas eu era uma pessoa só, e havia passado doze anos da minha vida criando aquela empresa que não fazia mais sentido para mim.

Por isso, no final de 2017, eu entreguei a minha parte da sociedade, disposta a mudar radicalmente: tinha decidido entrar no mercado de papelaria e artesanato, algo que passasse o mais longe possível de qualquer coisa que me lembrasse uma agência. Acreditava que todos aqueles problemas eram normais, portanto era eu que deveria mudar de área se quisesse algum tipo de saúde mental e satisfação profissional.

Mal sabia eu que, mais tarde, me tornaria novamente dona de uma agência, desta vez no nicho do mercado digital, e que muitos dos problemas que eu havia enfrentado na empresa de eventos serviriam de base para a criação de processos estruturados e um modelo de gestão seguido por mais de 2 mil empresas através do meu curso Plano Vê, além de se perpetuar por negócios do país inteiro através das redes sociais e das minhas palestras.

Ao longo deste livro, você vai acompanhar o desenvolvimento desse modelo de gerenciamento que permitiu que minha empresa, a Agência Vê, se tornasse em menos de três anos um dos maiores cases de sucesso do mercado digital, com um faturamento anual da ordem de oito dígitos e uma operação eficiente que permite que ela continue se desenvolvendo e funcionando, mesmo quando eu não estou no escritório. Vou abrir os meus bastidores para que você aprenda com minhas experiências – as boas e as ruins – e consiga desenvolver de maneira sólida o seu negócio no mercado digital, explorando as diversas oportunidades que ele oferece.

Este livro apresenta soluções para quem quer iniciar ou migrar uma empresa para o setor digital, independente do momento em que se encontra: se está começando a empreender, precisando criar o seu modelo de negócio e entender o que é e como funciona esse tal mercado digital; se a empresa começou a engatinhar e sabe por qual caminho quer seguir, mas está parado tentando descobrir como fazê-lo; ou se já possui um negócio avançado, mas sofre para fazer a gestão financeira, administrativa e de pessoas da sua empresa.

*Gestão digital* é sua base, pois reúno nas próximas páginas minhas experiências somadas a dados e pesquisas desse mercado, resultando em métodos práticos e adaptáveis para o seu nicho de negócio e para que solidifique uma empresa já existente ou tenha um mapa para começar do zero.

# Raízes

*"Meu Deus, isso tem que dar certo,*
*pois temos uma dívida enorme para pagar!"*

## CAPÍTULO 1

# Pequena empreendedora

Nasci em Brasília, numa família em que sou a mais velha de três irmãos, filha de uma professora da rede pública e de um pai extremamente controlador, que desde muito cedo me dizia que eu só poderia tomar as minhas próprias decisões quando completasse dezoito anos e passasse a trabalhar e ganhar meu próprio dinheiro. Essas tentativas de controle também se estendiam à minha mãe e, quando ele não obtinha sucesso, nos usava para atingi-la. Lembro-me de que frequentemente, às sextas-feiras, ela costumava ir conosco para a casa da minha avó, em Formosa, que ficava a 80 quilômetros de Brasília, para passar o final de semana, mas de vez em quando ele decidia, sem mais nem menos, que eu e meus irmãos estávamos de castigo. Se nós perguntássemos o motivo, meu pai simplesmente dava de ombros e dizia: "Porque eu quero". Ele sabia que, se nós não fôssemos, minha mãe também não iria.

Cresci nesse ambiente de constantes brigas familiares, mas com uma figura materna muito forte, uma mulher que sustentava a casa sozinha, valorizava demais a educação dos filhos e que, nos anos que viriam, seria a grande incentivadora da minha carreira. Apesar de hoje ter uma relação melhor com meu pai, sei que esses episódios moldaram meu senso de responsabilidade, pois, como filha mais velha, eu ajudava a cuidar dos meus irmãos para que minha mãe pudesse trabalhar, e tinha a necessidade de buscar independência financeira, assim teria liberdade de escolhas e poderia proporcionar isso também para a minha mãe.

Eu tinha cinco anos quando entendi que precisaria trabalhar para ganhar dinheiro e que isso representaria minha independência. Então, enquanto meus amigos do jardim de infância desenhavam casinhas, meu caderno tinha rabiscos de notas de dinheiro e minha jovem mente já pensava em coisas que poderia fazer para vender.

Aos seis anos abri meu primeiro empreendimento: uma engenhosa fábrica de perfumes feitos a partir da mistura de álcool e flores que eu colhia do quintal da minha bisavó. Minhas clientes eram minhas tias, a quem eu impunha delicadamente aquelas misturas de qualidade duvidosa, deixando-as sem argumentos para negar. Infelizmente a empresa quebrou quando elas pararam de cair na minha lábia e a dona das flores se cansou de me ver acabando com o jardim dela sem pagar nenhum centavo de comissão.

Com sete anos, parti para um novo ramo: eu recolhia garrafas de vidro que encontrava nas ruas de Formosa, onde passava os finais de semana e férias escolares. A ideia me ocorreu quando descobri que o senhor Joaquim, o dono da mercearia na esquina da casa da minha avó, pagava 50 centavos por cada garrafa retornável, uma prática que se popularizou tanto por promover economia aos comércios, consumidores e companhias de bebidas quanto por diminuir o impacto no meio ambiente. Assim, ao lado da minha melhor amiga de infância, que também se chamava Elen, eu rodava a cidade inteira – literalmente, pois na época a cidade era ainda menor – catando garrafas de vidro retornáveis, e o dinheiro das vendas era usado em doces e fichas para as máquinas de "pescar" brinquedos.

Mesmo que naquela época eu não tivesse consciência disso, ambos os casos provam que eu já tinha um olhar aguçado para negócios com baixo investimento inicial e retorno garantido, afinal, tanto as flores quanto as garrafas de vidro eram itens que eu poderia obter gratuitamente, aumentando, assim, meu potencial de lucro.

Como fui alfabetizada em casa, quando entrei na escola, fui direto para a segunda série, mas, mesmo estando no mesmo nível de conhecimento dos meus colegas, eu ainda era uma criança em meio a "adultos", por isso tive dificuldade para me adaptar ao longo dos anos, já que sempre era mais nova que a maioria e não tinha maturidade e facilidade para me enturmar.

Então, peguei essa dificuldade de adaptação e concentrei em uma nova empreitada, criando minha terceira "empresa": eu fazia trabalhos acadêmicos para alunos que necessitavam de notas e tinham altas doses de preguiça. Meu negócio tinha uma tabela com preço médio de 5 reais por cada trabalho e, aos poucos, o boato de que eu fazia trabalhos começou a correr entre os alunos – o que, é claro, não poderia ser descoberto pelos professores e pela diretoria, ou todo mundo teria problemas. Para dar conta da quantidade de produção, cheguei até mesmo a contar com uma sócia, a Marcela, que é uma das minhas melhores amigas até hoje.

Uma das histórias de que mais me recordo dessa época tem relação com meu amor platônico pelo grupo americano Backstreet Boys, que se preparava para vir ao Brasil para uma série de shows. A Rádio Jovem Pan realizou uma promoção: daria um par de ingressos para o show e acesso ao camarim do grupo se você enviasse cartas para a produção contando por que merecia ganhar. A melhor resposta receberia o prêmio. Então, eu e Marcela viramos noites fazendo os trabalhos de Matemática para praticamente a sala inteira, pois assim teríamos dinheiro para comprar selos e envelopes para o envio das cartas.

No fim, foram mais de mil cartas e muitos calos na mão de tanto escrevê-las e fazer os trabalhos, mas infelizmente não conseguimos vencer a promoção e o sonho de ver os meninos ao vivo não se realizou. Entretanto, os CDs da banda seguiram no replay do rádio por grande parte da nossa adolescência.

Foi essa iniciativa que me permitiu ganhar o meu dinheiro no início da adolescência, assim eu podia comprar as coisas de que eu gostava e tomar sorvete com as amigas sem precisar pedir dinheiro para minha mãe, que já tinha muito com o que arcar, até que terminei o ensino médio e passei a estudar à noite. De manhã, eu trabalhava em um shopping local como vendedora e à tarde e aos finais de semana atuava em eventos como recepcionista de estande, fazendo panfletagem e o que mais aparecesse.

Minha vida seria assim até os 21 anos, quando uma obra do acaso me levaria a abrir oficialmente minha agência de eventos.

## COLCHA DE RETALHOS

"Corre para cá que eu preciso de vocês!"

Desliguei a ligação que havia feito para um amigo e saí correndo para a administração do Shopping Píer 21, local que abrigava a feira na qual eu estava trabalhando há alguns dias como atendente no estande da Vivo.

O ano era 2004, e naquele dia eu estava pronta para voltar para casa depois de meu chefe ter informado que não abririam mais o espaço e que a ação havia sido suspensa. Antes de sair, resolvi ligar para o coordenador da marca, o publicitário Bruno Barra, que hoje é um dos mais importantes de Brasília, para agradecer a oportunidade do job e me despedir. Quando avisei que estava de saída e relatei o que o dono da agência havia me informado, ele ficou desesperado e disse que um diretor da Vivo estava vindo de São Paulo para visitar o estande e não poderia encontrá-lo fechado.

Felizmente, eu sabia que a chave dos espaços ficava na administração, então arrastei um amigo, o primo dele e sua namorada para lá, colocamos os uniformes e treinei ali mesmo o que eles deveriam falar para que pudéssemos manter o estande aberto durante a visita do diretor. No fim deu certo, ele saiu rasgando elogios pelo trabalho sem saber o que de fato havia se passado, e a minha iniciativa rendeu uma grande oportunidade profissional, pois o Bruno Barra passou a solicitar a minha contratação em todos os eventos que foram realizados posteriormente.

Eu poderia não ter feito nada, ter virado as costas e voltado para casa, afinal, eu não tinha nada a ver com aquela situação, a parte responsável era a agência que havia ido embora. Entretanto eu estava ali e podia ajudar, então foi o que eu fiz.

Segui o meu instinto para sempre entregar o melhor trabalho possível e deixar a minha marca onde passasse.

Foi também essa tomada de decisão que possibilitou que eu tivesse um primeiro cliente para dar início ao meu sonho de ter a minha própria agência de eventos: meses depois desse episódio, Bruno saiu da companhia para abrir a sua própria empresa – a Agência FLAP – e me acionou para saber se eu não gostaria de fornecer o serviço de gerenciamento das pessoas que atuariam nos eventos que a empresa dele fosse realizar. "Ellen, este é um serviço que eu não quero oferecer, mas que preciso ter nos meus eventos, e você sempre disse que gostaria de abrir a sua agência, então, se quiser seguir com essa ideia, eu fecho um contrato contigo", foi o que ele disse.

Era a chance de colocar o sonho na rua. Eu tinha o meu modelo de negócio, que havia construído seguindo as dicas do Sebrae, e agora tinha um primeiro contrato de cliente. Só havia um problema: o dinheiro para abrir aquela empresa.

Na época, um dos meus trabalhos era como recepcionista em um escritório de serviços de Tecnologia da Informação (T.I.), e o salário que eu ganhava era mais do que contado para complementar minhas contas do mês, então eu estava sem perspectivas ou ideias de como levantar o dinheiro para dar, enfim, esse passo.

Poucos dias depois, encontrei minha chefe Renata no escritório, e, percebendo meu desânimo, ela me chamou para almoçar no Brasília Shopping. Pode parecer surreal, mas em cinco minutos de conversa eu contei o que estava acontecendo e ela apenas permaneceu em silêncio, ouvindo. Quando terminei, ela disse: "De quanto você precisa para abrir a agência?". Falei que, segundo o meu plano de negócio, 5 mil reais seria um valor suficiente para começar e, de novo, ela deu uma resposta curta: "Me mostre o seu plano de negócio".

Assim, no dia seguinte, ela me procurou e propôs uma sociedade: entraria com o investimento inicial, eu lidaria com o trabalho e juntas abriríamos a agência. Lembro-me de voltar para casa extasiada de felicidade, enquanto minha mãe me ouvia incrédula. "Mas, minha filha, ninguém dá dinheiro assim para os outros, você tem certeza?". Entretanto, seguindo meu instinto, aceitei a sociedade e a confiança que Renata depositava em mim. Semanas depois, munidas do plano de negócios, do investimento dela, de um computador de segunda mão conseguido com um tio dela e de altas doses de coragem, alugamos a metade de uma sala comercial que abrigava outra empresa e inauguramos a Grau Produções.

Para uma garota de 21 anos, aquele era o sonho americano de empreendedorismo – pelo menos o que se vende sobre empreender. O investimento inicial havia praticamente caído no meu colo; o serviço que oferecíamos, contratando recepcionistas, seguranças, pessoas para fazer a panfletagem dos eventos, buffet, segurança, entre outros profissionais, me era muito familiar, já que eu mesma havia trabalhado com eventos nesses cargos, então sabia muito bem como fazê-lo; e tínhamos um contrato muito sólido com o Bruno, atendendo todos os eventos que ele realizava, o que fez com que em poucos meses de empresa o nosso faturamento fosse de 15 a 20 mil reais por mês. Ou seja, um passeio por um mar de águas tranquilas. Se você é empreendedor, sabe que isso é algo que está longe de ser a realidade.

Então a primeira tempestade chegou para me sacudir.

Alguns meses depois, Bruno me chamou para uma conversa no escritório dele e lançou a pergunta que mudaria tudo: "Ellen, quais são os seus planos para a sua empresa? Estou vendo que você está crescendo, se desenvolvendo, mas eu não quero alimentar um concorrente". Mesmo sentindo que aquela seria uma reunião decisiva, eu não poderia mentir, e disse que meu desejo era que um dia a Grau fizesse todos os passos de um evento, assim como a dele, e não apenas a contratação e gestão da equipe.

Ambos sabíamos a resposta por trás daquilo: em algum momento, nos tornaríamos rivais.

Então, o Bruno foi sincero e, com profissionalismo, disse que daquele dia em diante não poderia me contratar mais. Assim, de uma hora para outra, eu não tinha mais clientes e meu faturamento foi quase a zero.

Naquele dia, eu entendi que empreender era muito mais difícil do que eu imaginava. Eu tinha uma empresa aberta, mas não um negócio, pois bastou um bater de ondas para tudo se desestabilizar.

Com a rescisão do contrato com o Bruno, decidi apostar de vez na decisão de oferecer a produção de eventos de uma forma geral, mas a realidade foi que nos três meses seguintes não conseguimos fechar nenhum cliente e a pouca reserva de caixa foi se tornando cada vez menor. Esse foi o primeiro balanço que me mostrou o que de fato era empreender, um senso de realidade que eu não havia tido até então, de lidar com o vaivém de clientes, o fluxo de caixa, e ter que batalhar por prospecções de novos projetos.

Munida do portfólio de eventos que eu havia realizado até então, tanto pela Grau quanto os que eu havia feito antes de criar a empresa, comecei a bater de porta em porta, distribuindo cartões, apresentando aos meus contatos os nossos serviços e fazendo inúmeros orçamentos até conseguir fechar os primeiros contratos para comandar eventos completos.

Aos poucos, com muita persistência e dando o meu melhor no trabalho – o feedback sobre a nossa entrega e o nosso atendimento era sempre muito positivo –, começamos a fechar clientes e recuperar o fluxo de dinheiro da empresa. Ainda éramos pequenos, nossa equipe fixa era somente eu e mais duas funcionárias – contratávamos apenas para os eventos, quando era necessário –, mas já tínhamos uma agenda de clientes, alguns fixos, e de fato nos tornamos concorrentes do Bruno, chegando até mesmo a vencê-lo em uma concorrência para atender alguns eventos na região Centro-Oeste.

Tudo se encaminhava bem até que, cerca de dois anos depois, chegou a segunda grande turbulência: a minha sócia e antiga chefe, que havia investido na empresa, me chamou para uma conversa e contou que iria se casar e mudar do estado, portanto eu teria que seguir sozinha à frente da Grau. Considero esse um grande momento da minha carreira empreendedora, porque, além de ela ter sido uma grande mentora para mim e quem primeiro apostou no meu sonho, a perspectiva de ter que dirigir sozinha a empresa me deixava muito assustada: eu estava perdendo o meu suporte, a pessoa com quem dividia as dúvidas e os desafios, e teria de tomar todas as decisões sozinha a partir dali.

De fato, no dia a dia, a Renata não comandava os eventos, eu era a responsável por essa área e tinha experiência nela, então nesta questão não sentia desconforto em continuar sozinha. Entretanto, não ter mais esse apoio para gerenciar o financeiro e detalhes administrativos me deixava um pouco assustada.

A dissolução da sociedade foi simples do ponto de vista burocrático, mas um baque para a Ellen como pessoa.

Pelos três anos seguintes fui tentando administrar a empresa como podia, mas não tinha muito conhecimento sobre a gestão de um negócio e, principalmente, sobre prospecção, então atendia os poucos clientes que chegavam até mim de forma passiva. Por esse motivo, eu não conseguia crescer profissionalmente, e tampouco o caixa da minha empresa.

Assim, aos 26 anos, me vi olhando para as paredes sujas e riscadas de um escritório que era o melhor que podíamos pagar, e, como a conta estava no vermelho, sabia que não poderia manter as duas funcionárias, por isso, precisei demiti-las. Totalmente sozinha, só me restava um punhado de cartões de apresentação – um dos poucos indícios de que ali funcionava uma empresa –, mas seriam eles que me fariam ser testada mais uma vez no jogo do empreendedorismo.

## TAXISTAS E EMPRÉSTIMOS

"Meu Deus, isso tem que dar certo, pois temos uma dívida enorme para pagar!"

Esse era o único pensamento que passava pela minha cabeça enquanto eu observava o evento acontecer. Quatro meses haviam se passado desde que eu tinha saído para panfletar os cartões por Brasília na esperança de conseguir clientes, e aquela era a oportunidade que eu tinha de fazer a agência virar: um café da manhã organizado pela Volkswagen para duzentos taxistas no qual a marca apresentaria sua frota e condições de pagamento, visando convencer os motoristas a trocarem seus carros por modelos da montadora.

Tudo estava em jogo ali.

A chance de conseguir um contrato definitivo com a Volkswagen para ser a empresa responsável por todos os seus eventos na região Centro-Oeste, manter a agência aberta e torná-la de fato um negócio rentável (já que até aquele momento não havíamos tido o mínimo de estabilidade), e, sem nenhum exagero, também a estabilidade da minha família, porque o dinheiro para que eu conseguisse realizar aquele evento havia sido resultado de uma decisão a qual não recomendo: um empréstimo feito no nome da minha mãe.

Ou seja, um cenário nada tranquilo, nada favorável.

Meses antes eu havia conseguido a chance de participar da concorrência por aquele contrato. No dia da visita do representante ao meu "escritório", lembro-me de ter colocado uma mesa ao lado da minha e um computador para dar a percepção de que a empresa não se resumia apenas a mim. Depois de apresentar um pouco do que já havíamos feito e todas as minhas experiências, consegui passar para a segunda fase da disputa, que consistia em apresentar um projeto em São Paulo para um evento predeterminado. O dinheiro da viagem era contado, e, como todo perrengue ainda é pouco na vida do empreendedor, perdi o voo de volta e tive de ficar no apartamento do Andrei, meu melhor amigo na época, hoje meu marido, para conseguir uma carona de volta para casa. O projeto não foi aprovado e eu voltei a distribuir cartões na esperança de conseguir eventos para segurar as pontas.

Contudo, não esqueci aquela abertura que havia conseguido junto à marca, por isso, um tempo depois, acionei novamente o representante, avisando que a Grau estava com vagas para eventos nas próximas semanas, caso eles precisassem. Como se a falta de agenda fosse mesmo um problema para nós.

O retorno veio pouco depois: eles precisavam realizar o tal café da manhã em alguns dias e perguntaram se eu estava interessada no trabalho. Segundo eles, a agência que havia ganhado a concorrência anteriormente tinha rescindido o contrato dias antes e, portanto, não havia ninguém para o serviço. Aceitei na hora e fiquei ainda mais feliz porque o orçamento aprovado era maior do que eu teria proposto, o que era uma grande chance. O problema vinha em seguida: o pagamento era realizado noventa dias depois da ação, e eu não tinha nenhum dinheiro em caixa para cobrir as despesas do evento, o que me levou a recorrer a um segundo empréstimo, e novamente lá estava minha mãe me dando apoio incondicional.

Felizmente, a ação foi um sucesso, então duas semanas depois fui acionada de novo para fazer um novo café da manhã. Lá fui eu de novo com um cheque no bolso para trocar com um agiota, dividida entre a felicidade da oportunidade e a apreensão do risco que eu estava correndo.

Mas foi só depois dessas duas ações que os bons ventos enfim começaram a soprar.

A Volkswagen adiantou o pagamento - eu nunca soube o que houve, mas jamais reclamei dessa benção - e finalmente me ofereceu o contrato definitivo para realizar os eventos do Centro-Oeste: um acordo mais ou menos de 3 milhões de reais por ano, que não só saldaria as dívidas dos empréstimos, mas também nos tornaria de fato um negócio lucrativo e mudaria a vida da minha família, que, conforme fui precisando de ajuda, passou também a trabalhar na empresa.

Aquela pequena sala de paredes sujas, computador usado, mesas que só eram ocupadas no meu imaginário e conta no vermelho se transformou numa agência com um escritório de fato, um fluxo de caixa muito bom, funcionários e um grande cliente. Ou seja, tudo o que na minha cabeça era necessário para uma empresa ser um sucesso.

Nada poderia dar errado. Até que deu.

Como eu disse, primeiro a Grau Produções havia se tornado uma empresa familiar, no pior sentido desse conceito: as relações pessoais entre mim, minha mãe e meus irmãos se misturavam com a empresa, fazendo com que fosse muito difícil estabelecer uma noção de hierarquia e divisão de responsabilidades entre nós. Minha irmã Isabela, mais conhecida como Bibi, estava listada como minha sócia no contrato social para que a minha agência pudesse se enquadrar em um modelo contábil específico, entretanto ela estudava Agronomia e nada tinha de envolvimento com a empresa – o que só reforça nossa falta de estruturação empresarial.

Já o nosso processo de contratação, e é até bondade minha usar essa palavra, consistia em trazer para dentro o amigo do amigo do meu irmão, o primo de segundo grau de fulano e o cônjuge de ciclano.

Devido ao grande contrato que tínhamos, o fluxo de caixa era muito alto, mas o dinheiro entrava, as contas eram pagas e o que sobrava era usado por nós. Nada de planejamento de longo prazo, com metas de crescimento da empresa ou reinvestimento dos lucros, tampouco preocupação em observar que mais de 80% do nosso faturamento vinha de um único contrato e que perdê-lo significaria voltar quase à estaca zero – ou aos empréstimos.

Por isso, quando percebi que o nascimento da minha filha seria um dia associado a e-mails de orçamentos e planos de eventos, decidi que aquele não era um jeito saudável de trabalhar e ter uma empresa. Lembro-me de despertar no meio da madrugada e acordar o Andrei para desabafar e dizer que eu havia decidido deixar a minha agência. Eu ainda não tinha certeza do que faria depois de encerrar minha carreira no mercado de eventos, mas sabia que daquela forma não poderia mais continuar, e, com o apoio dele, bati o martelo sobre a minha decisão.

Com a experiência que tenho hoje, percebo que, ao longo daqueles doze anos em que estive à frente da agência, o nosso sucesso se deu muito mais por persistência, garra e suor do que de fato por processos e gestão – o que é a realidade de muitos negócios, seja no on-line ou off-line. Tanto no momento de abrir a empresa quanto no decorrer dela, a trajetória foi uma verdadeira colcha de retalhos, unindo coisas aqui e ali conforme a necessidade, sem nunca de fato parar para fortalecer as costuras que manteriam tudo em funcionamento, sem risco de se romper ao ser esticada.

Naquela época, minha definição de empresa saudável era bem simplista: se tínhamos clientes, se entrava dinheiro para pagar as contas e entregávamos bons eventos, então ela estava dando certo. Nem mesmo a criação do plano de negócios junto ao Sebrae foi algo consciente; eu não acreditava que aquilo era necessário para que o primeiro passo de uma empresa fosse dado. Apenas fui em busca de informação para saber por onde começar.

Por isso, quando entendi que o modelo de agência seria o futuro dentro do marketing digital e decidi fundar a Vê, defini que três regras guiariam a minha nova empresa:

- Minha empresa não dependeria de um único cliente: por maior que fosse o contrato, não teríamos os ovos na mesma cesta, como havia ocorrido no meu negócio anterior.
- Nosso foco não estaria apenas no faturamento: eu já havia tido uma agência que faturava milhões ao ano e sabia que aquilo não era suficiente para ter sucesso no longo prazo.
- Eu não teria uma empresa desorganizada e que dependesse totalmente de mim: ela seria um **ecossistema saudável**, capaz de se desenvolver e escalar sem que eu precisasse participar de cada processo.

A Agência Vê se tornou exatamente esse ecossistema. E é esse modelo de negócio, sustentado por essas três regras, que eu vou te mostrar a partir de agora.

# Bas ti do res

*"O marketing digital pode ser tudo isso que se vende sobre ele, mas não é apenas isso!"*

CAPÍTULO 2

# Olá, marketing digital

Antes do mercado de infoprodutos, veio o artesanato. Eu estava tão esgotada quando parei de trabalhar com eventos que a única coisa viável para mim era encontrar um trabalho leve que me desse satisfação pessoal, sem me consumir horas de trabalho, e fazer artesanato me pareceu uma excelente ideia na época.

Ledo engano, pois quem tem o artesanato como profissão sabe que não é moleza. Na verdade, eu ainda não descobri um nicho ou mercado em que você trabalhe pouco e ganhe muito dinheiro.

De qualquer forma, eu coloquei na cabeça que viveria da minha arte e acabei convencendo minha irmã, a Bibi, a fazer o mesmo, tornando-se minha sócia. Foi assim que comecei a pesquisar sobre marketing digital. Eu queria aprender a vender nossos produtos nas redes sociais, afinal essa certeza eu já tinha: a internet era capaz de impulsionar os negócios, e isso não só no meu setor.

Para se ter uma ideia, o faturamento do e-commerce brasileiro no primeiro semestre de 2018 foi de 23,6 bilhões de reais, enquanto no mesmo período de 2020 teve um salto, chegando a 38,8 bilhões de reais, segundo dados da 42ª edição do Webshoppers[1], estudo sobre e-commerce elaborado semestralmente pela Ebit | Nielsen, em parceria com a Elo.

Eu não podia imaginar que essas primeiras pesquisas sobre "como vender artesanato na internet" me levariam a dar uma reviravolta completa na minha vida profissional. Isso porque foi em uma dessas buscas que acabei encontrando o vídeo de um cara falando que havia lançado um curso on-line em parceria com uma sexóloga.

Até assistir ao vídeo eu não sabia que aquilo existia, mas, ao terminar, eu já tinha entendido como o marketing digital era aplicado ali para vender cursos. "Uai, eu posso fazer isso", pensei. E mais, eu poderia ter uma agência novamente e aproveitar toda a minha expertise com eventos para aplicar nesse novo formato. Só precisava convencer minha irmã a entrar nessa comigo. De novo.

A reação de Bibi foi de espanto. Ela olhava para mim como se eu tivesse enlouquecido. Fazia pouco mais de quatro meses que

---

1. Confira o relatório completo em: https://www.meioemensagem.com.br/home/marketing/2020/08/27/e-commerce-cresce-47-maior-alta-em-20-anos.html.

eu tinha deixado a agência de eventos e aberto a loja de artesanato, que ainda não tinha dado lucro, mas agora eu tentava convencê-la a apostar comigo em um curso de 7 mil reais, para começar uma nova agência em uma área que ainda não tínhamos ideia de como funcionava. Eu mostrava diversos vídeos e depoimentos para ela, esboçando o que poderíamos fazer no mercado de infoprodutos e a empresa que poderíamos construir.

Entretanto, ela não acreditava no potencial. E mais, achava que eu estava prestes a cair em um golpe. "Mana, isso não existe, é um golpe. Não existe um negócio confiável no qual você possa ganhar 100 mil reais em uma semana, isso é golpe, é pirâmide", ela repetia.

Bibi é uma pessoa pragmática, e é por isso que a nossa sociedade dá tão certo: ela é o cérebro por trás da administração e do financeiro, enquanto eu comando a estratégia. Felizmente, em situações como essa, o ponto fraco dela é ceder quando percebe que eu vou insistir na minha ideia mesmo que seja sem ela. E, nesse caso, foi bom para nós, pois, quando eu disse que faria o curso para aprender a lançar cursos on-line e que montaria esse negócio sozinha, Bibi aceitou arriscar mais uma vez e embarcar junto comigo.

O artesanato e a papelaria ficaram pelo caminho, e então começamos a abrir nosso espaço dentro do mercado de educação on-line.

## EMPREENDENDO NO DIGITAL

Graças à Bibi e ao seu incrível jeito pé no chão de ver as coisas, nós decidimos começar a Agência Vê de forma sustentável: fizemos uma verdadeira limpa em casa, separando itens que não usávamos mais, e organizamos um bazar para vender essas coisas, no qual conseguimos levantar 4 mil reais.

Esse foi o único dinheiro que tiramos do bolso para investir na criação da Agência Vê. Tudo que veio depois foi fruto de reinvestimentos dos resultados dos nossos primeiros lançamentos de cursos.

E este é o primeiro ponto que eu quero destacar aqui: **discordo completamente da política de empreender a qualquer custo**, e, sim, falo isso com a propriedade de quem tomou dois empréstimos para fazer um evento que seria pago dali a noventa dias e que poderia ter tido consequências bem ruins.

Você vai precisar trabalhar duro para construir uma empresa? Sim. Possivelmente renunciar a alguns finais de semana, férias e até mesmo conquistas financeiras para investir nesse negócio? Sim. Vai precisar correr certo risco? Com certeza. Entretanto, abandonar tudo em nome do sonho de empreender não garante sucesso, e sem planejamento você pode colocar tudo a perder. E, quando eu falo tudo, não estou me referindo apenas ao seu novo negócio, mas até mesmo à sua família e à sua saúde física e mental.

Não é sobre ser idealista, mas entender que é possível construir um negócio sustentável cujo sucesso não custe a sua vida pessoal, familiar e financeira, nem sua saúde.

É fato que, ao compararmos com o mercado tradicional, começar uma empresa no ambiente digital lançando infoprodutos tem uma barreira de entrada muito menor. Uma prova disso é que no negócio de artesanato que eu havia iniciado antes precisei investir 60 mil reais em apenas um equipamento para a confecção dos produtos (o que explica por que minha irmã achou que eu havia enlouquecido de vez ao optar por mudar de ramo quando a primeira parcela ainda nem havia sido paga), enquanto agora, com 4 mil reais, já era possível começar a rodar a agência.

Entretanto, não é pelo fato de ter um custo baixo que você não precisa tomar determinadas precauções e traçar planos para empreender com segurança. Todo negócio possui riscos, mesmo em um mercado amigável, como o digital. Perdi as contas de quantas pessoas me enviam mensagens pedindo ajuda porque tentaram entrar no mercado digital e se perderam no caminho, seja porque investiram em cursos caros e não conseguiram executar as estratégias, seja porque precisaram pegar dinheiro emprestado para começar (eu sempre me lembro de que fiz isso para realizar o evento dos taxistas). O cenário vira uma bola de neve desgovernada que termina em uma realidade muito comum: o negócio, que era para mudar a vida deles, acabou por levá-los a morar com parentes, sem carro, sem emprego e cheios de dívidas.

Mas a culpa não é do mercado, é nossa.

Nós somos os responsáveis por atropelar as ações e decisões.

Segundo o dicionário, a palavra **empreender** significa tentar, realizar, colocar uma tarefa em execução. Já o empreendedorismo é a capacidade de idealizar, coordenar e realizar projetos, seja em novos negócios ou em empresas já existentes, e envolve inovação e riscos.

Eu, Ellen, acredito que algumas pessoas nascem com uma tendência maior ou com habilidades que serão úteis ao empreendedorismo. Reconheço isso na minha história desde criança, e acho que esse foi um fator determinante para construir minha carreira até aqui. Há também as pessoas que, mesmo não sendo empreendedoras natas, têm o sonho ou a necessidade de começar um negócio.

Seja qual for o seu caso, as habilidades de gestão de uma empresa podem e precisam ser desenvolvidas e melhoradas. Eu acredito verdadeiramente que qualquer pessoa é capaz de ter sucesso empreendendo, desde que tenha o direcionamento certo e se dedique a desenvolver competências específicas.

Acredite, o meu lado empreendedor já me prejudicou várias vezes, e eu só consegui ter algum sucesso depois que aprendi a domar esse "dom" com muito estudo e treinamento. Ainda assim, essa jornada de empreender é para a vida toda, não importa o seu nível; seja o iniciante ou o mais avançado, sempre haverá espaço para o desenvolvimento.

- **EMPREENDER DÁ TRABALHO**, assim como é trabalhoso construir uma carreira de chefia em uma multinacional ou estudar para passar em um concurso público.
- **EMPREENDER É CANSATIVO**, mas você não é especial em seu cansaço. Em maior ou menor grau, quem decide ir por esse caminho precisa trabalhar bastante. A diferença é que eu vou te ensinar a estruturar o seu negócio para que isso ocorra na fase inicial, e não que seja uma constante.
- **EMPREENDER DÁ MEDO**, principalmente medo de errar, mas os erros serão inevitáveis, independente de você estar no começo ou na fase madura da sua empresa. A questão é entender quais erros você pode minimizar, prevenir, o que aprender com eles, e o principal: que o digital permite que o impacto do erro e os seus prejuízos sejam menores – além da possibilidade de recuperação mais rápida. Vai dar medo, sim, e riscos existem, você só precisa aprender a calculá-los e não deixar que esse medo te paralise.

- **EMPREENDER EXIGE ATITUDE, PODER DE DECISÃO E AUTORRESPONSABILIDADE O TEMPO TODO.** Você está à frente de um negócio agora – não importa se ele ainda se resume a um computador na mesa da sua cozinha –, e todos os dias precisará tomar decisões que irão moldar a empresa que está construindo. E mais, empreender é ter responsabilidade: com o produto e o serviço que você está vendendo, com quem o compra, com quem você emprega. Não é sobre ser culpado de tudo, é sobre ter responsabilidade sobre o seu negócio e o impacto que ele tem.
- **EMPREENDER EXIGE QUE VOCÊ TESTE SEUS VALORES E QUEM VOCÊ É.** Principalmente para quem está começando, a largada de um negócio pode ser muito solitária e as pessoas mais próximas podem ser as que menos vão entender esse novo universo no qual você está entrando. Não é porque elas não desejam o seu sucesso, mas por não entenderem o que você está fazendo, afinal o marketing digital ainda é um mundo novo para a infinita maioria das pessoas.
- **EMPREENDER É LIDAR COM A VONTADE DE DESISTIR,** mesmo quando seu negócio já tiver decolado e, principalmente, quando você cometer algum erro. E a vontade vai surgir, seja por motivos financeiros, por cansaço, por um erro ou por se sentir sozinho na jornada. O fato é que você

precisará ter resiliência e certeza dos motivos que te fizeram optar pelo empreendedorismo para lidar com isso. Na minha primeira empresa, eu levei seis anos para começar a ter um lucro estável – antes disso, foi um vaivém de fluxo de caixa no vermelho –, então é claro que nesse período eu pensei em desistir milhares de vezes.

- **EMPREENDER É ACREDITAR NO QUE IMPORTA PARA VOCÊ.** Quando eu comecei no digital e defini que iria estruturar minha empresa, criar processos e seguir uma linha mais conservadora, ouvi muitas vezes que eu era "certinha demais", que estava deixando de ganhar dinheiro devido aos parâmetros de qualidade que eu estabelecia. Fui criticada, inclusive, por ter escolhido uma agência de lançamentos como modelo de negócios. Precisei confiar na minha verdade para seguir em frente. Independentemente do que você acredita, saiba que a sua resiliência será testada o tempo todo, e, por isso, você precisa trabalhar para fortalecer a sua mentalidade, para lidar com essas interferências e se manter firme no caminho.

Foi por isso que decidi compartilhar as lições que aprendi com meus erros neste livro: se você não passou por eventos parecidos ou passou e não soube como superar, meu objetivo é te ajudar a minimizar qualquer barreira negativa na criação do seu novo negócio e evitar que você cometa erros desnecessários na construção da sua empresa – seja ela no mercado de educação on-line, e-commerce ou qualquer outra área, porque gestão e processos são fundamentais, independente do nicho de atuação.

E, justamente por ter esse papel de te preparar, sinto que também preciso abrir um espaço para falar com você sobre os bastidores, o que está por trás das câmeras desse mercado. O objetivo deste livro não é te desestimular, e sim te auxiliar quando estiver no jogo do empreendedorismo digital.

## REDES SOCIAIS E A CORRIDA DOS DÍGITOS

O papo de que a realidade das redes sociais não é a da vida real é velho, mas, quando o assunto é empreender no marketing digital, ele se torna ainda mais necessário.

Nem no marketing digital nem na vida real é possível viver apenas as coisas boas, ter apenas o lado positivo. O feed do Instagram é uma fração pequena e editada de uma rotina de 24 horas. É importante repetir isso diariamente, porque é fácil se iludir e comparar o seu crescimento com o do @fulanodetal.

Se você ainda não tem tanta familiaridade com o universo digital e dos cursos on-line, vai começar a descobrir que foram instalados alguns termos que indicam quanto dinheiro você faturou com um único lançamento, que é a abertura de vendas para uma turma de novos alunos. São eles: 6 em 7 (que significa que você fez 100 mil reais, ou seja, seis zeros, em vendas no período de sete dias), 7 em 7 (1 milhão de reais, ou sete zeros, em sete dias), 8 em 7 (10 milhões de reais, ou oito zeros, em sete dias) e até mesmo 9 em 7.

Para quem acompanha de fora, pode parecer absurdo ou mentira que alguém fature 10 milhões de reais em sete dias, mas, sim, isso é possível no digital. Porém, não é bem nesse curto período de tempo, pois existe um bastidor enorme para a preparação de um lançamento milionário até a abertura das matrículas de um curso, também conhecido como "abrir carrinho" por sete dias e ver milhares de alunos se inscreverem.

Esses termos viraram uma forma de status. Se você já fez um lançamento de sete ou oito dígitos, por exemplo, está entre os maiores do mercado, atraindo para si prestígio e reconhecimento por esses resultados. Não é uma crítica a esse movimento, afinal, a minha agência já fez vários lançamentos de sucesso e hoje está entre as maiores empresas do digital, acumulando esse troféu, o que é motivo de muito orgulho para nós. Entretanto, há quem pense que ter um negócio saudável se resume a alcançar essas conquistas e que o mais importante no jogo do digital é o montante faturado em um único carrinho aberto.

A promessa de ganhos fáceis leva muitos empreendedores a se perderem no que eu chamo de **corrida dos dígitos**: como um rato na gaiola, a pessoa corre sem parar sempre em busca do maior faturamento no menor tempo possível, sem olhar para mais nada.

Eu escrevo este livro como um contraponto para justamente mostrar que o lucro e um bom fluxo de caixa são mais valiosos do que um simples 6 em 7 ou mais. Essa também é uma das primeiras coisas que ensino aos alunos do Plano Vê, o meu programa de desenvolvimento de agências de lançamentos.

Por algum tempo, trabalhar e empreender no digital esteve associado a:

- ter **ganhos milionários** fáceis, rápidos e possíveis para qualquer pessoa;
- **trabalhar de frente para a praia** todos os dias, necessitando apenas de um computador e um celular;
- **trabalhar longe da burocracia**;
- **viajar e ostentar carros e mansões**; e
- ter uma **rotina livre de horários e das obrigações** do mercado tradicional que massacraram a sua mente criativa.

Todas essas são situações e conquistas possíveis, e eu mesma vivenciei algumas e conheço pessoas que conquistaram ainda mais; mas não quer dizer que o mercado digital se resume a isso. O erro está em achar que:

- Você vai começar no digital e em poucos meses estará milionário.
- Você vai trabalhar algumas horinhas por dia enquanto viaja o mundo todo.
- Você não vai precisar formalizar seu negócio e emitir notas fiscais, como nos mercados tradicionais.
- Você vai fazer fortuna sem se profissionalizar, estruturar uma equipe e definir processos.
- FATURAR X dígitos em sete dias é o mesmo que LUCRAR esse montante.

## É muito mais do que abrir e fechar carrinho

Para alguns, vale tudo para faturar cada vez mais alto, mesmo que isso signifique fazer promessas agressivas, absurdas, ou até mesmo vender e não entregar um bom produto.

O problema não é querer ganhar muito dinheiro, claro que não! Afinal, o objetivo de qualquer empresa deve ser o lucro, e ninguém abre um negócio pensando apenas em trabalhar por prazer. Mas para além do "abrir e fechar carrinho" em um lançamento está a importância de construir um negócio sustentável e confiável que conseguirá se manter no futuro. Se você está pensando em empreender no digital, saiba que a profissionalização do nosso mercado é uma realidade, e negócios que não se adaptarem às regras do jogo do longo prazo estão fadados à ruína, mesmo que faturem alto hoje em dia.

Que regras são essas? Branding, cultura, processos, gestão, inovação, estratégia e outras coisas mais sobre as quais falaremos até o final do livro.

## ONDE MORAM AS OPORTUNIDADES NO DIGITAL

Talvez você esteja pensando que o mercado digital está saturado, que já existem muitos empreendendo e ganhando dinheiro, e que talvez você esteja atrasado para pegar esse bonde. Mas isso está longe de ser verdade, e eu trouxe alguns dados para te provar.

De acordo com a Associação Brasileira de Comércio Eletrônico (Abcomm), mais de 11 milhões de brasileiros realizaram compras on-line pela primeira vez durante a pandemia de Covid-19. São 11 milhões de novos clientes que experimentaram a modalidade, e agora seus dados e preferências estão disponíveis para que recebam novas ofertas de serviços e produtos e continuem a comprar on-line.

Já quando o assunto é o ensino a distância (EAD), formato de consumo de educação que já vinha numa crescente, a demanda de oportunidade é ainda maior. Em 2009, o Brasil tinha cerca de 330 mil alunos estudando on-line, e dez anos depois já era

1,5 milhão – um crescimento de 379. Com isso, o número de estudantes fazendo graduação on-line já é maior que no presencial: 50,7% (1.559.725) dos alunos de instituições privadas escolheram o ensino a distância e 49,3% (1.514.302), o presencial. Os dados são do Censo da Educação Superior 2019, divulgados pelo Instituto Nacional de Estudos e Pesquisas Educacionais Anísio Teixeira (Inep), órgão do Ministério da Educação (MEC).

Além disso, temos hoje 134 milhões de usuários de internet no Brasil, ou seja, 74% da população acima de dez anos de idade e 71% dos domicílios com acesso à rede[2]. A nova geração já nasce tendo a internet como ponto de referência de comportamento e consumo, e é ela que molda o cenário atual e o futuro.

Um estudo realizado pela Hotmart[3], startup mineira líder do setor de hospedagem de cursos on-line no Brasil, que analisou o impacto do anúncio da pandemia de Covid-19 no consumo on-line, mostrou que houve um crescimento de 75% no número de pessoas que passaram a produzir conteúdo através de infoprodutos para alavancar suas carreiras e negócios, e um aumento de 38% no número de produtores que passaram

---

2. Segundo a pesquisa TIC Domicílios, do Comitê Gestor da Internet (CGI.br).

3. Acompanhe os detalhes da pesquisa em: https://blog.hotmart.com/blog/2020/07/report_futuro-educacao-online_hotmart_2020.pdf.

a vender esse conteúdo. Além disso, o número de alunos que concluíram certificações de cursos hospedados na plataforma cresceu 86%.

Quando o assunto é o desenvolvimento dos negócios por trás dos produtos, o estudo mostra números interessantes: produtos relacionados a temas como o uso do Instagram e como investir em Bolsa de Valores tiveram um aumento de 46% e 40%, respectivamente, no preço médio de venda, e a chegada de novos compradores teve um salto de 92%.

Esses dados mostram que a forma de consumir produtos e serviços e de estudar segue em crescente mudança. Essa é uma realidade, e não olhar para isso é fechar os olhos para uma evolução que já está no nosso dia a dia, queiramos ou não, mas que ainda possui muitas oportunidades a serem exploradas.

Ouso dizer que uma empresa on-line não precisa estar também no formato físico, mas o caminho inverso é imprescindível para sua sobrevivência. É aquela história: se você não está na internet, então você não existe.

## Democratização

O digital trouxe maior democratização para ambos os lados: para quem consome e para quem vende.

Ao consumidor, ofereceu a chance de escolher de quem quer comprar, sem ficar preso às opções de produtos, serviços e preços que estavam próximos dele. Eu não preciso mais fazer um curso de inglês na escola do meu bairro ou da minha cidade, seguindo o método determinado por eles, ao qual eu não me adapto, pagando o valor que eles querem cobrar, sem ter outra opção de ensino. Eu acesso a internet e procuro o formato que eu quero, dentro do preço que faz sentido para mim, e ainda posso adaptar meus estudos aos meus melhores horários.

Já para a outra ponta da equação, oferece a oportunidade de começar com menos e crescer aos poucos, competindo, quando não de igual para igual, pelo menos de forma mais justa com grandes empresas. Ainda pegando o exemplo do curso de inglês, o digital permitiu que um professor de Londrina, no Paraná, construísse um faturamento e uma rede de alunos maior que muitas escolas tradicionais e pioneiras que tinham milhões para gastar com anúncios na TV e sedes por todo o país. Estou falando do professor Mairo Vergara, que por alguns anos teve um dos maiores faturamentos do mercado de infoprodutos no Brasil.

O marketing digital oferece acesso e autonomia para a marca crescer o seu negócio e para o consumidor escolher o que e como quer comprar. Cada um com a sua tribo, e não mais apenas um ou dois nomes ditando o mercado.

**Tudo que você tem como medir tem como escalar.**

### Inteligência dos dados

Acho curioso quando ouço sobre o medo que muitas pessoas têm de atuar no digital e ter prejuízo, de não conseguir faturar. Curioso porque não vender é um risco que você tem em qualquer negócio, mas o digital talvez seja o mercado em que você melhor consegue se preparar antes de tomar uma decisão ou uma série de escolhas que podem comprometer o seu faturamento. Porque marketing digital é basicamente analisar dados e tomar decisões a partir deles.

Imagine que você vai abrir uma loja física de roupas: escolheu um salão na avenida mais movimentada da cidade, montou uma loja linda e equipada, e decidiu colocar outdoors em quatro pontos estratégicos espalhados pelo município para dar mais visibilidade ao seu negócio. Com esse tipo de negócio:

- Você já começa tendo feito um alto investimento e, a menos que tenha um planejamento muito bem ensaiado e dinheiro em caixa para segurar as pontas, precisa vender imediatamente para pagar o gasto inicial.
- Seus clientes são, na maioria, aqueles que passam no ponto onde sua loja está localizada.
- Você não conseguirá saber quantas pessoas viram as suas placas de divulgação e quantas pessoas vieram até a loja porque viram o anúncio.
- Não saberá qual dos anúncios atraiu mais pessoas e, portanto, quais você poderia manter por mais tempo.
- Você está no escuro, sem nenhum dado para direcionar suas ações.

Agora vamos imaginar que você abriu um e-commerce para vender roupas on-line. Não vamos nem comparar o menor custo que terá para criar a empresa em relação à loja física; apenas focaremos na estratégia de marketing que agora você tem à disposição.

- Você pode ter clientes de qualquer lugar do Brasil para onde consiga enviar os seus produtos, e não mais apenas quem passa pela sua porta.
- O seu custo para chegar nesse cliente e para promover a sua loja através dos anúncios é infinitamente menor e,

principalmente, muito mais assertivo, já que com o marketing digital você saberá exatamente que tipo de anúncio teve mais retorno, quais peças chamaram mais a atenção, que perfil de público o seu produto mais atrai e assim por diante. Portanto, pode investir mais e melhor.

Agora você tem a inteligência dos dados para tomar a sua decisão. Tem a previsibilidade de qual anúncio deu mais certo, qual o seu alcance de público-alvo e potenciais compradores, taxa de conversão, produto que gerou mais ou menos interesse etc.

A inteligência dos dados é o fator determinante que garante que o seu negócio sobreviva enquanto você quiser. As informações estão à disposição, o seu sucesso ou fracasso no digital estará associado à sua gestão e aos processos para analisar e decidir com base nelas, mas nunca por falta de dados que deem embasamento para o seu planejamento – e estou confiante de que até aqui você já entendeu que ter um planejamento é fundamental!

O mercado é igual para todo mundo? É claro que não. Obviamente, existe uma diferença entre quem possui 100, 1.000 ou 100 mil reais para investir em anúncios. Entretanto, o digital te permite ser mais assertivo e ter mais oportunidades de construir o seu negócio com pouco, além de buscar o seu espaço, se comparado ao off-line. Eu dei o exemplo usando uma loja de roupas, mas imagine agora que você está entrando no mercado de educação on-line, sem nem ao menos um estoque para gerenciar, pois o seu produto está armazenado em uma plataforma e pode ser revendido para milhares de pessoas com custos muito menores do que produtos físicos - você não precisa se preocupar nem mesmo com o frete.

## Ensinando e aprendendo

As informações para tocar o seu negócio não estão apenas no retorno de anúncios, mas na troca de experiências entre as pessoas que atuam no digital. Eu já estive dos dois lados e posso te garantir: nenhum mercado é tão generoso com a troca de ideias, contatos e conhecimento como este. É uma cultura difícil de ser explicada, afinal, os encontros de mentorias ou *masterminds* podem reunir pessoas de um mesmo nicho - diríamos, concorrentes - que vão abrir ali suas estratégias de negócios e compartilhar suas experiências. Parece contraintuitivo, mas o mercado digital entendeu que essa troca seria muito positiva para o crescimento dos negócios, e quem não está inserido nesses encontros perde muitas informações essenciais, além de não ter oportunidades de aprender com os outros, nem compartilhar as próprias experiências.

Eu tive muitos mentores a quem dedico parte do sucesso da Agência Vê. Alguns se tornaram meus amigos, outros tiveram uma participação mais pontual em momentos de dúvidas específicas. Pessoas que compartilharam suas experiências e que nos ajudaram a vivenciar situações e problemas com mais maturidade, minimizando nossos riscos e prejuízos.

Foi graças às conversas de mentorias com o Rodrigo Corrêa e o Marcelo Braggion, sócios da MR Lançamentos, que conseguimos desenvolver o setor de Recursos Humanos da agência quando ainda éramos uma equipe de doze pessoas, etapa que pensávamos em fazer apenas quando nossa equipe estivesse com o dobro de funcionários. Foi fundamental seguir o conselho deles e antecipar essa ação, pois ajudou a potencializar e fortalecer o nosso crescimento e o Código de Cultura. E essa foi apenas uma das inúmeras vezes que eles me aconselharam, seja sobre gestão ou estratégia do meu negócio.

Com o tempo, eu também pude me tornar uma mentora e ajudar muitas pessoas. Participando desses grupos, por exemplo, consegui ajudar muitos players no relacionamento com seus experts, no desenvolvimento de processos, na definição de modelos de negócios e posicionamento dentro do mercado.

Participar desses grupos, compartilhar experiências e contribuir para o negócio de outras pessoas também é um caminho importante para construir o seu nome dentro do digital, trabalhar a sua marca, além de contribuir para que novas oportunidades aconteçam.

Acredito que essa cultura de troca em mentorias e *masterminds* segue crescendo, até porque não se pode negar o quanto esse modelo de negócio é lucrativo para os criadores – estamos falando de 60 mil, 80 mil e até mais de 100 mil reais ao ano por participante – e cria um senso de fraternidade que só fortalece ainda mais esse mercado.

# Pro
# ces
# sos

## PARTE I

*"Processo é mais poder de execução, e, quanto mais você executa, mais cresce!"*

CAPÍTULO 3

# Lágrimas, clientes e primeiros passos

*Por Isabela, a Bibi*

Quando eu e a Ellen conversamos sobre o começo da Agência Vê, ela nunca me deixa esquecer as incontáveis vezes em que, no meio da madrugada, ela olhava para mim e eu estava no computador editando vídeos e chorando. Chorando enquanto editava. Não de tristeza, mas de desespero e cansaço, enquanto me perguntava: como eu me deixei convencer pela maluca da minha irmã a entrar nesta coisa de lançamento de cursos on-line?

Íamos até às 5 da manhã editando vídeos, criando e-mails de vendas e roteiros de cursos. Eu caía na cama por algumas horas, acordava às 7 e voltava ao computador para editar outros vídeos e chorar mais um pouco.

Nossa rotina consistia em nos desdobrarmos em mil para realizar todas as etapas daqueles primeiros lançamentos, com poucas horas de sono, muito café, medos, incertezas e, de bônus, a pequena Aurora, que, tadinha, pulava de colo em colo e era entretida com horas de vídeos da Galinha Pintadinha.

Mas havia uma diferença entre mim e a Ellen. Minha irmã já havia passado por todas aquelas dificuldades com a Grau e visualizava claramente que aquele suor inicial era apenas isso, inicial. Uma coisa do momento e que, assim que os primeiros resultados viessem, o cenário mudaria.

Eu não era tão otimista. Só me perguntava onde é que havia amarrado meu burro, e achava que continuaríamos trabalhando como condenadas eternamente, que aquele montante de tarefas nunca iria diminuir e, o que para mim era o mais assustador, o pouco dinheiro que tínhamos levantado para abrir a Vê estava saindo da conta, mas nada estava entrando.

Eu não sofria pela quantidade de trabalho, mas pela incerteza e o cansaço, que era intensificado por não conseguir visualizar uma luz no fim do túnel.

Esse foi um pouco do cenário daqueles primeiros meses da Agência Vê. Cerca de dois meses antes de eu começar a me debulhar em lágrimas sobre o teclado do computador, tínhamos comprado o curso que ensinava a fazer lançamentos e partimos então para a segunda fase: buscar o especialista para lançar. O especialista – ou expert, como chamamos nesse mercado – é o professor que tem um conhecimento específico que será empacotado no formato de e-books, videoaulas, webnários etc. Ou seja, para construir uma agência de lançamentos, precisávamos de um especialista para lançar.

Hoje, esse é um mercado muito conhecido e sobram nomes que querem ter um infoproduto, mas em 2018 isso era raridade, ainda mais na região Centro-Oeste. Depois de muitos nãos e de pessoas achando que estávamos propondo um esquema de pirâmide, conseguimos fechar não com um, mas três experts, o que deu origem à loucura de trabalho dos meses seguintes.

Quem acompanha nossos conteúdos já deve ter nos ouvido falar sobre como nossos processos nos permitem realizar **lançamentos simultâneos**. Foi o que aconteceu no início, e isso só continuou sendo possível porque, mesmo naquela loucura, nós sabíamos a importância de construir e organizar a nossa agência com processos.

Mesmo quando nossa equipe se resumia a mim e a Ellen, e nosso escritório era o cômodo da casa que estava disponível em meio aos brinquedos da Aurora, nos tratávamos como uma multinacional. Como a Ellen sempre diz, o marketing digital tem um ritmo acelerado, principalmente quando falamos de lançamentos de infoprodutos, e, se você não olhar para a estruturação enquanto trabalha, vai se perder.

Ao fim daqueles meses conseguimos realizar os três lançamentos. O primeiro retornou 18 mil reais, o segundo, 74 mil, e o terceiro, 144 mil. Feitas as divisões, tínhamos pela primeira vez um caixa na empresa, mas sabíamos que nem de perto aqueles dígitos significavam que estava tudo certo e que podíamos partir para férias na Disney.

Os resultados foram uma prova de que continuaríamos a todo vapor com a Vê, mas também o teste de resistência para saber se de fato iríamos cumprir as próximas etapas do desenvolvimento da empresa.

## PEQUENO GRANDE NEGÓCIO

A primeira decisão que acertamos é que, mesmo sendo irmãs, dentro do trabalho esse laço não existiria. Essa foi uma das nossas primeiras reuniões decisivas da formação da empresa, e que considero uma das mais assertivas. Reforço aqui um trecho da nossa conversa naquele dia: "Mana, nós somos irmãs, a gente se ama, mas dentro da empresa somos sócias e cada uma tem as suas responsabilidades com o negócio e com a outra sócia. Eu sou responsável pela administração e o financeiro, enquanto você é a pessoa por trás da estratégia, então, não passaremos por cima da decisão uma da outra".

Isso significava confiar que cada parte resolveria os detalhes que eram de sua competência, sem levar para o pessoal e sem brigas, buscando não ultrapassar a barreira da intimidade que correspondia ao nosso laço familiar. Há, sim, uma linha muito tênue quando existe um laço familiar entre os sócios, mas a principal forma de não confundir é realmente definir os papéis de competência de cada um e respeitar isso.

Se eu digo para a Ellen, por exemplo, que não temos caixa para determinada ação que ela quer desenvolver, ela não vai levar isso para o papel de irmã, e sim confiar no meu posicionamento. Outro exemplo é com a gestão de pessoas: eu sou a responsável pelos processos de contratação e demissão, mas a Ellen acaba por ficar em contato com a maior parte da equipe no dia a dia; por isso, há sempre uma troca entre nós na hora de decidir por um desligamento ou promoção e, dependendo do cargo, se for alguém que está mais presente no dia a dia dela do que no meu e vice-versa, uma opinião será mais essencial que a outra.

Outro ponto fundamental que decidimos naquela reunião é que a equipe seria formada por funcionários aprovados no nosso processo de seleção, e não por serem amigos ou conhecidos de nenhuma das duas, como havia ocorrido na empresa anterior, na qual toda a família e diversos amigos haviam trabalhado em algum momento, gerando problemas.

Já a decisão de descentralizar da Ellen todas as ações e execuções, considero-a como a principal que tomamos. Na Grau, tudo passava por ela, o que, como você viu, não deu certo. Por isso, mesmo naquele comecinho, entendemos que teríamos papéis e responsabilidades definidos (eu, no financeiro e administrativo; ela, na estratégia) para, aos poucos, contratarmos pessoas que assumiriam a nossa execução e nos deixariam cada vez mais no papel de gestão da nossa empresa.

Ambas as decisões foram fundamentais para que conseguíssemos colocar em prática e nos mantivéssemos fiéis à terceira decisão: estabelecer as definições da gestão financeira da empresa logo naquele primeiro faturamento, o que significava:

### Ter um pró-labore

Éramos as donas da empresa, mas isso não significava que teríamos livre acesso ao caixa; cada uma teria um valor de "salário" e precisaria conviver com isso, ou seja, a empresa não seria responsável por pagar nossas contas de pessoa física. Esse é um fator importantíssimo, principalmente em negócios com mais de um sócio, afinal, como ter uma divisão justa se não há separação de CPF e CNPJ? E, pensando mais à frente, como apresentar um fluxo financeiro para um investidor e instituição bancária ou cuidar da segurança do setor financeiro se está tudo misturado?

E aqui cabe um adendo importante: o pró-labore (que significa “pelo trabalho”) é a forma de delimitar o quanto cada sócio receberá por seu trabalho de administrar a empresa em questão. No caso específico da Agência Vê, ajudou a determinar logo no início o valor que nós receberíamos mensalmente e que o resto pertencia à empresa.

Essa remuneração é diferente de salário, pois não incidem regras obrigatórias em relação a décimo terceiro salário, Fundo de Garantia do Tempo de Serviço (FGTS), férias etc., e é diferente de distribuição de lucros e dividendos. Também é exigência contábil, e começar um negócio já tentando burlar a contabilidade é uma péssima decisão.

## O dinheiro da empresa é para a empresa

Isso significa que ele só pode ser usado com a finalidade de sustentar e desenvolver a empresa. Essa deficiência é algo que percebo ser frequente em muitos negócios, quando, ao primeiro sinal de aumento de lucro, os sócios rapidamente já aumentam os seus salários, trocam de carro, viajam, ou até mesmo emprestam a familiares ou amigos.

É preciso existir um processo de investimento constante no negócio para que ele cresça, se fortaleça e se desenvolva. Ao longo da trajetória da Vê (e, claro, até hoje), nós, sócias, temos um pró-labore definido, enquanto o restante do lucro da empresa é aplicado em contratação e expansão da equipe, equipamentos melhores (por exemplo, todo o nosso time trabalha com duas telas de computador, o que permite uma produtividade maior), softwares originais que trazem mais segurança e usabilidade, projetos para os clientes, estrutura física da empresa, criação de novos negócios e muito mais.

Os sócios e administradores precisam ter esse olhar de sempre reaplicar parte dos lucros no desenvolvimento e melhoria contínua, mesmo que o objetivo não seja expandir a equipe ou aumentar o número de projetos da empresa - pois, do contrário, certamente ela terá uma vida curta.

## Criar um capital de giro seguro

Para que pudéssemos arcar com as contas da empresa e mantê-la girando mesmo em momentos de crise, era necessário que tivéssemos uma reserva em caixa. Muitas empresas iniciantes - ou até mesmo já em andamento - precisam do pagamento que irá entrar naquele mês para sustentar o operacional do período em que estão, pois não possuem nenhum dinheiro em caixa, o que as deixa extremamente vulneráveis diante de atrasos ou saídas de clientes.

Vimos o quanto isso é prejudicial para o andamento do negócio logo no início da pandemia de Covid-19. Muitos negócios faliram nas primeiras semanas em que precisaram deixar de operar devido à quarentena, pois não possuíam um capital de giro que permitisse analisar como poderiam se adaptar de forma a continuar atuando diante do novo cenário e manter as contas.

No começo da agência, tivemos momentos assim, o que sempre me deixava muito aflita: eu olhava para a conta da Vê e via que o valor disponível seria suficiente apenas para as contas daquele mês e que, se até a próxima entrada de recebimentos surgisse qualquer imprevisto, não teríamos dinheiro em caixa para resolver.

Ciente de que isso me tiraria o sono e deixaria a empresa em uma posição muito vulnerável diante dos imprevistos (que, acredite, vão acontecer), desde o começo coloquei como meta ir formando aos poucos uma reserva para arcar com as contas do mês sem precisar depender do faturamento do período. Além de evitar o fechamento da sua empresa no primeiro balanço do mar, o capital de giro também irá te ajudar a fugir do endividamento por precisar recorrer a empréstimos, geralmente com altas taxas – imagina ter que parcelar uma fatura de cartão ou pagar o valor mínimo, acrescentando-se juros?

Vendo hoje, mesmo o período da pandemia, que impactou muitos negócios, para nós foi um momento de crescimento.

Conseguimos não só manter todo o nosso time como expandir a equipe, desenvolver novos projetos, garantir todos os benefícios e até mesmo implementar o plano de cargos e salários, com aumentos significativos da nossa folha, tudo isso com a certeza de que temos dinheiro em caixa para continuar nos desenvolvendo sem riscos.

É importante lembrar que estamos em um mercado que, apesar de oferecer a possibilidade de faturamento alto em pouco tempo, exige um período de carência para que os resultados alcançados estejam de fato na sua conta.

Por exemplo, no mercado de infoprodutos, o processo de vendas pode durar semanas, ou até meses, se levarmos em consideração todas as etapas de um lançamento. Isso significa que, definitivamente, não existe fazer X reais em sete dias, mas sim faturar em sete dias o que foi preparado por bastante tempo.

Ou seja, leva-se um tempo para o valor de uma venda entrar de fato na sua conta, então você precisa ter um fluxo de caixa para sustentar o operacional fixo da sua empresa nesse período, somado a uma reserva de emergência para as situações que não estão no controle.

## CONSTRUINDO UMA SOCIEDADE

É claro que hoje conseguimos dar nome aos processos, mas naquela época não tínhamos esse conhecimento, o que havia eram experiências passadas e, portanto, muitos aprendizados. Não tenho formação na área administrativa, mas é da minha personalidade querer as coisas todas bem organizadas e ter sempre dinheiro reservado para emergências.

Já a Ellen está mais aberta a correr riscos, apostar mais alto na estratégia, e é rápida em entender e pegar processos que facilitem as etapas de uma execução. Entender isso de forma madura nos ajudou a definir qual de nós seria responsável por cada parte da empresa, e isso foi fundamental, porque, se ambas tivessem mais o perfil de arriscar ou de buscar a segurança financeira primeiro, duvido que teríamos chegado até aqui.

Ter sempre em mente que somos sócias antes de sermos irmãs e respeitar o que é responsabilidade de cada uma é o que nos ajuda a enfrentar também os momentos de embates de opiniões.

Um exemplo disso ocorreu há algum tempo.

Dentro da Vê temos um processo chamado Lançamento Piloto, ou Lançamento Teste, que é o primeiro lançamento que fazemos com um especialista antes de fechar uma parceria de longo prazo. Esse processo é importante porque é no dia a dia, executando a primeira estratégia, que conseguimos ter uma dimensão maior do perfil do expert e se ele realmente tem "meet" com a nossa agência.

Na época, os nossos Lançamentos Pilotos tinham a verba de investimento inicial de 10 mil reais, um valor determinado pela estratégia (Ellen) e aprovado pelo financeiro e administrativo (eu). Depois de diversos lançamentos com um cliente de um nicho específico, resolvemos romper a parceria e surgiu a oportunidade de lançar um novo nome no mesmo mercado, então, com base no argumento de que a nossa experiência agora era maior e, portanto, tínhamos mais garantias de sucesso, Ellen solicitou que o investimento fosse de 50 mil reais.

Argumentamos por um tempo, eu explicando que não via motivos para que aumentássemos a verba naquele projeto específico e ela apresentando a estratégia que nos garantiria ter mais sucesso com aquele investimento, e, apesar de não estar 100% de acordo, ao fazer uma análise no financeiro e confirmar que esse investimento, mesmo que não desse certo, não traria prejuízos à empresa, eu confiei na Ellen e aprovei a verba.

Fizemos o lançamento e tivemos um prejuízo de quase 60 mil reais!

É claro que eu fiquei chateada, mas, mesmo com esse erro estratégico, em nenhum momento eu a acusei ou joguei a responsabilidade somente nela. Isso serviu para testarmos a nossa força enquanto sócias e reforçar a importância de equilibrar o administrativo e a estratégia.

A definição de um contrato bem amarrado, com cada parte sabendo exatamente quais são seus direitos e responsabilidades, faz com que eu não tenha medo de que em algum momento a nossa relação de irmãs se estremeça por conta de problemas do escritório. Entretanto, sei que isso é uma raridade e passamos essa preocupação aos nossos alunos para que eles tenham consciência de que não basta que uma pessoa seja sua amiga ou familiar para que a sociedade funcione.

Em contrapartida, mostramos que uma discordância entre você e seu sócio sobre uma decisão ou outra não significa encerrar a parceria entre vocês. Inclusive, algumas regras podem ajudar a prevenir problemas, como as duas principais que temos aqui:

- **FORMALIZAR AS CONVERSAS**: priorizamos ter reuniões periódicas para discutir os temas relacionados ao escritório, evitando aquelas conversas rápidas entre um café e outro, e após a reunião sempre oficializamos em um e-mail o que ficou decidido. Isso evita que surjam situações de mal-entendido, de termos interpretado a decisão de formas diferentes. É algo que recomendo demais para os alunos do Plano Vê. Determinar reuniões, acordar qual é o tema daquela reunião e formalizar depois para que os sócios confirmem que estão na mesma página.

- **RESPEITAR A ATUAÇÃO DE CADA UM**: é básico, mas não custa reforçar. Se a Ellen é responsável pela estratégia, então a decisão dela terá mais peso quando competir a essa área, e o mesmo acontecerá comigo quando o assunto for financeiro e administrativo, assim buscamos sempre o meio-termo, respeitando a área de cada uma e assumindo os riscos calculados. A Ellen sempre aponta o quanto pode perder com aquela estratégia e eu o quanto podemos nos comprometer com aquele risco.

Mesmo que você esteja começando como único dono, vale a pena se informar sobre **contratos societários** (que a Ellen irá explicar mais à frente), porque essa sociedade pode acontecer em outro momento da sua empresa e, acredite, você vai querer estar munido dessas informações.

Ter um sócio ou não pode ser uma decisão que você tome mais para a frente; o que não pode ocorrer é começar sua empresa - não importa qual o tamanho dela hoje - sem um **modelo de negócio**.

CAPÍTULO 4

# Combatendo a Alice que vive em você

Sabe a famosa frase "Para quem não sabe aonde vai, qualquer caminho serve"? Pois bem, ela resume o comportamento que vejo em 99% de quem está começando uma empresa no marketing digital. A frase é dita pelo Gato de Cheshire para Alice na história de *Alice no País das Maravilhas*, que está sempre se distraindo pelo caminho a cada novidade que se apresenta e, portanto, se afasta cada vez mais da sua meta inicial: voltar para casa.

Empreender no digital é combater todos os dias a Alice que vive em nós, e eu uso isso como exemplo por dois motivos:

1. Esse é um mercado novo, o que significa que ainda estamos construindo a sua cultura, e essa é uma boa e má notícia. **Boa**, porque quer dizer que há poucos "certos" e "errados", então você pode testar e ser o pioneiro em muitas transformações; **má**, porque isso quer dizer que todos os dias você será impactado com oportunidades diferentes, promessas que te farão ter a sensação de que finalmente, com aquela

estratégia, você obterá um resultado milagroso. Sem foco, você estará sempre indo de um lado para o outro sem nunca fixar sua atenção, tempo e trabalho para construir resultados reais.

No mercado de infoprodutos, por exemplo, existe um excesso de informação e até mesmo uma certa cultura viciante em "comprar cursos que ensinam a vender cursos na internet". É irônico, pois, afinal, tenho um programa no qual ensino todos os processos da minha agência de lançamentos e, mesmo assim, não canso de dizer: não é mais um curso on-line que vai te gerar resultado, mas sim a EXECUÇÃO das estratégias ensinadas ali.

Já vi muita gente passar 6, 8 e até 10 horas por dia vendo aulas, lendo livros, assistindo a lives, com a falsa sensação de estarem absorvendo conteúdos estratégicos para faturamentos no digital. Estudar é maravilhoso, mas, quando falamos do mercado digital, eu posso garantir que a prática é mais importante do que a teoria.

2. Se você não define o modelo de negócios para a sua empresa, é pouco provável que consiga se posicionar para atrair bons projetos e ganhar seu espaço no mercado.

   Um modelo de negócios é a definição de como a sua empresa irá atuar no mercado. É a partir dele que você conseguirá desenvolver processos, metas e até mesmo entender quem são os melhores parceiros, clientes e estratégias para o crescimento da sua marca. O melhor modo – e o que considero como primeiro passo para abrir uma empresa – de combater a Alice que vive em todos nós é estabelecer o seu **modelo de negócio**. Mas, caso você já tenha a sua empresa, fique tranquilo, antes tarde do que nunca.

## MODELO DE NEGÓCIO – O SEU PRIMEIRO PASSO

Lembra que eu disse que, por ser novo, o mercado digital ainda não tem 100% das suas regras definidas? De fato, não há ainda um certo ou errado quando o assunto é modelo de negócios, por exemplo. Existem inúmeras formas de atuar no digital, de maneira que há formato para todos os tipos de empreendedores.

O que você precisa entender agora mesmo é que ter a clareza de como você irá se posicionar é o melhor caminho para ter resultados e alcançar eficiência no seu negócio. Definir como sua empresa irá funcionar é um movimento do micro para o macro e te ajudará nas tomadas de decisão, fechamento de negócios e estratégias. Isso irá te ajudar a dizer "não" para o que não faz sentido e investir sua energia no que realmente importa.

Quando decidi empreender no digital, eu tinha certeza de que queria abrir uma agência de lançamentos. Esse foi o modelo que eu escolhi, entre tantos outros, porque era o que eu acreditava ser o melhor para alcançar meus objetivos profissionais e pessoais.

Eu já tinha a experiência da minha agência de produção de eventos, então sabia que seria muito simples levar esse formato para o digital – mesmo que naquele momento desse para contar nos dedos de uma mão quantas dessas agências existiam no Brasil. Como uma agência de lançamentos, além de surfar a onda do crescimento do mercado de educação on-line, eu poderia ter vários projetos com especialistas diferentes, e isso traria mais faturamento e independência para a minha empresa, sem contar os ativos de construir a minha própria marca.

Também defini que a Vê teria o modelo 360º de atuação, sendo responsável pelo projeto como um todo: lançamento, atendimento, produto e conteúdo. Dessa forma, somos responsáveis por planejar e executar todas as etapas do projeto, como desenvolver o produto junto com o expert, traçar estratégias, fazer toda a coordenação pedagógica e cuidar de toda a parte operacional, tática e estratégica. Alguns anos depois de ter definido esse modelo, eu continuo tendo a absoluta certeza de que escolhi o melhor caminho, e hoje vejo como ser uma agência nesses moldes nos posicionou como uma empresa diferenciada no mercado.

Ao desenhar o meu modelo de negócios nesse formato, eu levantei as vantagens e desvantagens dele, para estar ciente e mais bem preparada diante dos desafios. Eu sabia, por exemplo, que dessa forma teria melhor controle sobre a qualidade dos produtos lançados, que teria maior capacidade de análise de dados para agregar nas estratégias, que proporcionaria uma estrutura extremamente profissional para nossos especialistas e até que teríamos um ótimo poder de negociação nos projetos.

Em contrapartida, precisaríamos de uma estrutura mais robusta, com equipe, processos, equipamentos e setores diferentes dentro da empresa. Mesmo começando como uma pequena "EUgência" (sem funcionários) e 4 mil reais no caixa da empresa, eu e a Bibi já sabíamos, pela escolha do nosso modelo de negócios, o caminho que teríamos que seguir. E assim fomos estruturando nossa empresa e alcançando um posicionamento de mercado forte, impossível de ser ignorado. A Vê se tornou a grande referência do mercado digital quando o assunto é agência de lançamentos.

No mercado digital como um todo, existem outras dezenas de formas de trabalhar: você pode levar sua loja para o on-line tendo um e-commerce; ser um produtor de conteúdo digital para o Instagram, YouTube, TikTok e outras tantas plataformas; ter uma agência de marketing digital ou uma empresa de desenvolvimento de aplicativos digitais etc.

Eu poderia continuar fazendo uma lista enorme, e dentro de cada uma dessas opções ainda existe mais um tanto de detalhes que podem diferenciar um tipo de empresa no digital de outra. Entretanto, o que você precisa saber é que o seu modelo de negócios não é composto apenas pela denominação da sua empresa, mas por uma soma de decisões sobre como ela irá atuar. Como entender qual é o melhor modelo para o seu perfil? Com autoconhecimento e pensamento crítico. Só você é capaz de decidir o seu perfil ideal de empresa.

Minha recomendação é que você pesquise sobre o nosso mercado, observe como são as relações e como as outras empresas estão se desenvolvendo, e comece a se perguntar sobre o que faz sentido para os seus objetivos, o que quer para o seu futuro e como quer atuar nos próximos cinco ou dez anos.

## DESENVOLVENDO O SEU MODELO

Um bom modelo de negócios não é estático, mas não pode ser ignorado sempre que uma nova promessa bate à sua porta. Para desenvolvê-lo, você pode contar com uma assessoria em negócios, mas também com o Serviço Brasileiro de Apoio às Micro e Pequenas Empresas (Sebrae)[6], que oferece diversas soluções e cursos gratuitos - e que, inclusive, me ajudou a construir o modelo de negócios da minha primeira agência.

---

6. Acesse www.sebrae.com.br e saiba mais.

Para chegar no seu modelo ideal, você deve responder a um questionário com nove perguntas que, no final, irão resultar em um mapa das principais áreas do seu negócio. São elas:

**Clientes: quem é o público final que o seu negócio irá atender?**

Pode parecer uma pergunta simples, mas já vi muitos empreendedores com dificuldade para responder a essa pergunta. Determinar quem de fato é o seu cliente é fundamental para você conseguir traçar a estratégia do seu negócio.

No caso da Vê o nosso cliente final são os alunos dos cursos que vendemos, é para eles que todas as decisões são pensadas. Já os experts que participam dos cursos não são clientes: são nossos parceiros. Entretanto, na hora de montar o nosso modelo de negócio, sabíamos que deveríamos ser criteriosos na escolha dessas parcerias para que tivéssemos a melhor experiência com o cliente final. É por isso que, para ser parceiro da Vê, o expert precisa ser comprometido com o resultado dos alunos, ter algo de valor para ensinar e compromisso com o impacto que o seu projeto irá gerar.

O expert também precisa se adequar ao nosso modelo de negócio, por isso focamos na busca por parceiros que aceitem ser sócios no projeto recebendo uma porcentagem dos lucros, e não um prestador de serviços mensal, em uma construção de longo prazo.

Isso não só já nos mostrou etapas que precisaríamos desenvolver na empresa ao longo do seu crescimento (como investir em uma equipe, um escritório, bons equipamentos, softwares etc.), mas também definiu onde não precisaríamos gastar energia na hora de prospectar, pois, se queríamos experts que buscavam uma sociedade no projeto, não buscaríamos aqueles que queriam contratar um serviço mensal ou qualquer outra coisa.

Além disso, também coloquei no meu plano de negócios quais nichos de experts eu gostaria de atender (que estavam ligados aos assuntos com os quais eu me identificava, por exemplo, artesanato) e quais não (justamente por não gostar de alguns assuntos), o que contribuía para direcionarmos melhor o nosso foco na hora de prospectar novas parcerias e reforçar o nosso posicionamento enquanto agência.

Definir o seu cliente-alvo certamente te forçará a excluir opções; entretanto, é nesse momento que você terá clareza sobre o caminho que deseja seguir com o seu negócio, o que facilita na hora de tomar outras decisões da empresa.

## Proposta de valor: o que o seu negócio irá solucionar para o cliente?

Aqui novamente trago os dois mundos da Agência Vê para te ajudar no entendimento: do expert e do aluno. Nos nossos valores o cliente vem em primeiro lugar, por isso não basta eu e meu parceiro entregarmos um curso ao aluno, ele precisa ser o melhor produto on-line possível, e, para isso acontecer, temos dentro desta operação uma etapa que considero essencial, que é a coordenação pedagógico para o expert, que nos possibilita analisar e produzir um curso com: uma boa didática, começo, meio e fim, um ótimo módulo inicial para que o aluno não se perca na plataforma, um suporte pensado para as demandas daquele curso e público específico e um excelente material de apoio.

Uma proposta de valor não é apenas oferecer um serviço ou produto, e sim conseguir mostrar para o cliente quais as "dores" que o seu negócio irá solucionar, inclusive aquelas que ele nem sabe que possui.

Com a minha proposta de valor, mostro ao expert que, ao contar com a parceria da agência, ele não precisará se preocupar em montar e gerenciar uma equipe, ter custos operacionais com equipamentos e estrutura, terá a garantia de um suporte treinado para atender os seus alunos, profissionalização do seu projeto, suporte jurídico, entre outros pontos. Mostramos que, com a parceria, ele passa a contar com toda a estrutura pronta, sobrando-lhe agenda para se concentrar naquilo que é a sua melhor área: o seu conteúdo.

Já quando olhamos para o cliente final, o aluno, mostramos que os cursos que possuem o selo da Agência Vê são produtos estruturados, com conteúdo sério e relevante, e resultado de uma escolha criteriosa de especialistas.

De que forma o seu negócio irá solucionar e ser relevante na vida do cliente é algo que precisa estar perfeitamente claro e objetivo no seu modelo de negócio, para você, o seu cliente e o seu time.

## Comunicação: por quais canais o seu cliente chegará até você e você até ele?

E mais, quais serão os canais de comunicação, distribuição e venda do seu produto ou serviço? Esteja você migrando sua marca para o ambiente digital ou criando a empresa do zero já neste cenário, precisará entender rapidamente a importância das redes sociais - e não estou falando apenas para as ações de anúncios on-line. O seu perfil em redes como Instagram, Facebook, LinkedIn, Twitter, Snapchat, TikTok ou quaisquer outras que façam sentido para o seu negócio e público precisa estar posicionado e preparado para recepcionar o seu cliente;

isso quer dizer ter um perfil no qual ele consiga de pronto compreender minimamente quem é a sua empresa, quais soluções ela oferece e ter facilidade para entrar em contato com você.

No caso da Vê, nosso perfil no Instagram é usado estrategicamente para posicionar o meu trabalho enquanto expert e contamos com um time preparado para responder tanto quem busca nossos produtos exclusivos (como o curso do Plano Vê) quanto quem quer tirar dúvidas sobre como ser nosso parceiro para lançar um curso on-line; além disso, contamos com um site que também direciona para quem quiser entrar em contato conosco via e-mail.

Lembre-se: prestar um mal atendimento nas redes sociais (ou pior, sequer responder o seguidor) tem um efeito igual, e às vezes até mais devastador, do que ser mal atendido em uma loja física. Seja por rede social, e-mail, telefone ou qualquer outro formato que você decidir ter na sua empresa, ele precisa funcionar e gerar uma boa experiência para seu cliente.

Entretanto, por mais que estejamos falando de marketing digital e sendo as redes sociais mais baratas e com maior alcance que a mídia off-line, como revistas e comerciais de TV, é extremamente importante apostar nos multicanais e ter em mente o ditado popular que diz que não devemos colocar todos os ovos em uma mesma cesta. Isso quer dizer não focar toda a sua audiência apenas em uma rede social e apostar em iniciativas além das redes, como, por exemplo, eventos ao vivo para estar mais perto do seu público e no lançamento de um livro, para entregar o seu conteúdo de outra forma.

### Relacionamento: como você irá se relacionar com o cliente?

Existem três modelos que você pode adotar no seu modelo de negócio quanto à forma como irá se relacionar com os clientes: de maneira mais **humanizada**, no estilo ***self-service*** ou de modo **automatizado**, e eu vou te explicar cada um deles.

O primeiro modelo, **humanizado**, é o que mais se aproxima do que aplicamos na Vê tanto no tipo de serviço que oferecemos quanto no relacionamento com o nosso cliente.

Logo de início, definimos que todo o nosso suporte fosse feito pela agência de maneira interna, pois entendíamos que o contato com os alunos era importante para entendermos o feedback deles com relação ao produto, suas dificuldades para atingir o resultado e teríamos um controle maior sobre a qualidade deste atendimento. Além disso, com isso conseguimos profissionalizar o contato com o aluno, tornando-o mais rápido e assertivo, porém personalizado e pensado para a linguagem de cada expert e seu respectivo público.

O modelo também é caracterizado pelo modo de abordagem aos potenciais clientes, a prospecção, que, dependendo do seu negócio, significa contar com uma equipe de vendedores que entrará em contato com os clientes para oferecer um serviço ou produto. No caso da Vê, não há um time de vendedores, mas existem, por exemplo, reuniões com esse potencial expert, encontros, apresentações, assinatura de contrato... etapas que envolvem conexões e relacionamentos.

A humanizada é a opção de que eu mais gosto e que funciona para o meu modelo de negócio, mas, dependendo do seu caso, pode ser que uma das outras opções se adéque melhor.

No caso do modelo ***self-service***, você oferece soluções e meios para que o cliente realize e alcance os resultados sozinho. Isso significa menos custo com equipe comercial, por exemplo, já que não precisará contar com uma equipe de vendedores acionando os clientes, entretanto precisará de mais estratégia nos anúncios e posicionamento nas redes sociais, bem como criatividade para que, mesmo sem esse contato direto com vendedores e consultores, consiga estabelecer um contato mais próximo com o cliente.

No modelo *self-service* o seu produto ou serviço estará disponível 24 horas por dia e sete dias por semana para o cliente e ele não precisa aguardar um vendedor ou uma reunião com você para consumir aquilo. Ele aciona seu site, efetua a compra ou o pedido por um período de teste gratuito e pronto, começa a usar ou aguarda chegar para fazê-lo. Basicamente, ele não terá contato com você ou sua equipe no processo de compra e consumo, apenas em algum caso específico, e, nesse caso, ele acionará o seu suporte via e-mail, telefone ou outra forma para falar com alguém, e é isso que diferencia o self-service do nosso próximo modelo.

Se no *self-service* o cliente pode vir a entrar em contato com o seu time, no **automatizado** ele se serve sozinho e de maneira totalmente automatizada, efetua a compra, a troca, o cancelamento e qualquer outro procedimento ali mesmo na plataforma sem qualquer interação. Todas as soluções de que ele precisa estão ali e, para isso acontecer, é claro, é necessário que o seu negócio conte com uma plataforma de extrema qualidade para gerar a experiência e soluções prometidas ao cliente.

### Fluxo de receita: como esses clientes pagarão pelo serviço ou produto?

Isso é determinante não só para você já entender como o financeiro irá funcionar e criar as provisões e metas, como influenciará no seu processo de venda e precificação. Analisar, por exemplo, se será uma entrega única, com pagamento único, ou se eles irão pagar um inicial e depois pagamentos recorrentes pela manutenção de um serviço prestado te ajudará a entender de que maneira sua empresa gerará renda.

No caso da Vê, precisamos estar de olho em dois cenários: a porcentagem do lucro que temos na sociedade de cada projeto e o tempo de recebimento dos cursos vendidos na Hotmart. Como a Bibi explicou anteriormente, o pagamento é feito cerca de sessenta dias depois das vendas, então precisamos ter em mente esta especificidade para realizar o planejamento.

Sendo então o nosso lucro proporcional às nossas vendas, quanto mais bem pensadas forem nossas estratégias de vendas, e quanto mais a gente se especializar e melhorar aquele produto, mais conseguiremos crescer. Além disso, uma das coisas que prevalecem no nosso modelo de atuação no nicho da educação on-line é a possibilidade de escalar mais rapidamente, oferecendo mais de um produto àquele aluno (a chamada venda recorrente), um curso dividido em etapas, entre outras estratégias.

### Atividades-chave: o que sua empresa precisa realizar para entregar a proposta de valor que almeja?

As atividades-chave são todas aquelas que o seu negócio precisará desempenhar para entregar aos clientes, na prática, a proposta de valor descrita acima e que, consequentemente, fará com que sua empresa alcance mais mercados, gere um relacionamento com os clientes e tenha mais lucro.

Usando a Vê como exemplo, a principal atividade é a parte estratégica do marketing digital, o pensar, criar, desenvolver, coordenar e executar cada etapa dos nossos produtos. Em seguida, para que o nosso cliente final (os alunos) tenha a melhor experiência com nossos cursos, temos um suporte especializado naquele projeto, que saiba as principais dúvidas e dores que chegarão por parte deles, que saiba como recepcionar e ajudar esse aluno durante sua trajetória no curso. Se eu quero que o meu expert tenha segurança em firmar a parceria conosco e confiar que sua imagem e reputação serão preservadas e desenvolvidas, preciso contar com um suporte jurídico e de gestão de marca que aja no caso de qualquer problema.

Tudo isso foi sendo levantado no processo do modelo de negócio. Para cada valor, solução ou experiência que eu quero gerar no meu cliente, o que eu preciso desenvolver com o meu expert? Este é o exercício que você precisará fazer.

Usando um outro exemplo para ilustrar este ponto, imagine os parques da Disney. A experiência do cliente é uma das principais preocupações de seus gestores, conforme a própria empresa aborda no livro *O jeito Disney de encantar os clientes* (Editora Benvirá, 2012), e, para gerar essa sensação única em seus visitantes e para que eles não perdessem a sensação de encantamento ao visitar as instalações, a empresa percebeu que precisaria ter entre suas atividades, por exemplo, o desenvolvimento de uma série de produtos licenciados para que os visitantes levassem uma parte física da experiência para casa.

Nessa etapa final do modelo de negócio, você talvez perceba que a proposta de valor que desenhou anteriormente exigirá mais desafios na prática, mas recomendo que o conclua para então começar a fazer ajustes e traçar metas para alcançar o almejado - lembrando também que um negócio é construído aos poucos.

## Recursos-chave: de quais recursos financeiros, profissionais, intelectuais e físicos você precisa?

Nos capítulos anteriores eu falei que não acredito em empreender a qualquer custo e que para abrir um negócio será necessário o mínimo de investimento - no meu caso, foram 5 mil reais para criar a Grau e depois 4 mil para a fundar a Vê.

Mas não só isso. Além do dinheiro para começar os primeiros passos do negócio, no caso da Agência Vê eu precisei investir em um curso que me desse uma ideia inicial do que era esse tal de mercado digital e o mercado de lançamentos (não era tão fácil ter acesso gratuito a conteúdos de qualidade como temos hoje, com diversos canais no YouTube, artigos e matérias sobre o assunto) e começar a prospectar os primeiros especialistas para lançar, afinal, sem um expert para criar o curso on-line não teria como o negócio ser iniciado (foram mais de trinta negociações até conseguir fechar os primeiros três experts).

Você sabe quais são os recursos-chave de que precisa para iniciar o seu negócio? E os que serão necessários a seguir? Quanto precisa investir financeiramente para começar? Quais equipamentos e licenças de softwares serão necessários? O que precisará estudar para começar? Quanto tempo em média conseguirá dedicar? Poderá conciliar com o seu outro trabalho, caso seja o caso? Será possível realizar de casa, ou precisará ter uma sede ou, pelo menos, uma sala alugada de vez em quando para reuniões?

É hora de levantar todos os custos, sejam eles financeiros ou não.

## Parcerias-chave: quem é ou pode vir a ser essencial para o seu negócio acontecer?

Nesta etapa você irá listar as empresas e pessoas essenciais para o seu modelo de negócio acontecer e se desenvolver, como fornecedores de uma solução específica e fundamental da sua área ou empresas estratégicas não concorrentes. São aqueles que estão fora da sua empresa, mas são fundamentais para que ela aconteça e, portanto, você deve buscar estreitar laços e criar conexões, pois podem ser parceiros importantes ou impactar diretamente no seu crescimento.

Sendo o mercado digital um mercado em que se pode trocar tantas informações, como já mostrei, é um grande erro você não tirar proveito do estreitamento de laços para desenvolver a sua empresa. É o ditado de que a união faz a força e, quanto mais união ocorre no mercado, melhor ele se desenvolve, assim como todos que estão envolvidos nele.

Nessa etapa, liste a empresa daquele serviço de e-mails, por exemplo, com o qual você pode firmar uma parceria para ter um valor diferenciado, um suporte mais ágil, quando necessário, ou acesso antecipado às novidades. Ou a rede social na qual você fará sua estratégia de marketing digital e, portanto, ter um relacionamento mais estreito pode ajudar no seu crescimento (no YouTube, por exemplo, é possível contar com os gerentes de contas, por meio dos quais você passa a ter um melhor relacionamento com a plataforma e acesso a cursos, eventos e outros criadores de conteúdo).

Outro exemplo é, caso você esteja migrando sua loja para o ambiente digital, listar marcas e pessoas não concorrentes que podem ajudar você a abrir caminho para sua marca nesse novo mercado.

**Estrutura de custo: qual será o custo para realizar esse modelo de negócio idealizado?**

Bom, você elencou o cenário almejado, agora é hora de entender a estrutura de custo financeiro para que ele aconteça. Como eu disse, não desista ainda caso o valor final seja alto; primeiro elenque todas as informações. O objetivo aqui é listar quais são as atividades-chave mais caras, quanto custa o modelo de atendimento ao cliente que você pretende ter para o seu, o custo para manter os canais ao cliente ativos (social media, designer, técnico de T.I. etc.) e todos os custos adicionais para que o seu modelo de operação ocorra.

No digital, acredito que a grande vantagem é que existem poucas barreiras de entrada; a esmagadora maioria de grandes empresas que eu conheço neste nicho começaram com poucos recursos (a Vê é um exemplo disso, afinal, com 4 mil reais dificilmente eu conseguiria abrir uma agência no mercado off-line).

A ideia aqui é você estabelecer primeiro os valores o mais próximo do real, depois analisar quais os custos essenciais para os primeiros passos da empresa - aqueles essenciais sem os quais não será possível começar - e, no terceiro momento, pensar em quais etapas de crescimento da empresa os custos irão aumentar até chegar no modelo de negócio desejado.

Como você viu, criar um modelo de negócio é colocar em detalhes práticos e realistas a ideia que está na sua cabeça. Infelizmente, mesmo sendo fundamental, a esmagadora maioria não sabe e não faz isso, pulando direto para as vendas e mantendo o olhar apenas nesse objetivo – e, aqui, acredito que exista também um incentivo do próprio mercado por reforçar o discurso de ganhos fáceis e não da importância de construir negócios, o que faz com que tenhamos tantas pessoas com mentalidade amadora empreendendo nele.

Pelo menos até agora!

Como já mencionei nos capítulos anteriores, o mercado digital abre portas para você começar com pouco, oferece oportunidades mais justas e democráticas, mas já atingiu um patamar no qual, automaticamente, vem fazendo a limpa em pessoas e empresas mal administradas, muito porque nomes e marcas consolidadas em outros setores do off-line têm migrado para ele e, portanto, forçado uma profissionalização.

Basicamente, a régua está subindo e vai levar com ela aqueles que realmente possuem um olhar aguçado e podem somar para termos um mercado cada vez mais rico – em todos os sentidos. Eu já sabia lá no começo que tipo de negócio eu queria devido à experiência que eu tinha com a empresa anterior, e agora você também tem o alerta e o caminho para definir o seu!

## MODELOS DE EMPRESA SEM SÓCIOS

No capítulo anterior, a Bibi falou um pouco sobre o nosso processo de estabelecer uma sociedade à parte da nossa relação de irmãs e, também, sobre a importância de ter um contrato societário para formalizar esse vínculo profissional. Agora, vou te mostrar quais modelos de empresa você pode ter de acordo com o seu momento atual - iniciante ou já atuante, com sócios ou não -, para que você tenha conhecimento prévio e possa estabelecer a formalização da sua empresa - ou se organizar para passos futuros.

Caso a sua decisão seja começar a empreender sozinho, sem sócios, ou se já está atuando e quer formalizar a sua empresa judicialmente, você possui quatro opções: **Microempreendedor Individual (MEI)**, **Empresário Individual (EI)**, **Empresa Individual de Responsabilidade Limitada (Eireli)** e **Sociedade Limitada Unipessoal (SLU)**.

- **Microempreendedor Individual (MEI)**: este é um modelo muito conhecido e usado por quem está começando, pois oferece uma maneira fácil, rápida e barata de se começar um negócio e ter o seu próprio CNPJ - e a ideia da sua criação era justamente essa, ser uma maneira simples para diminuir a quantidade de trabalhadores informais. A abertura da empresa é feita no próprio site do governo [7] e de maneira independente, mas quem tiver dificuldade pode contar com a ajuda de um contador, que, por lei, é obrigado a fornecer esse auxílio de **maneira gratuita**.

- **Vantagens:** facilidade na hora de abrir a empresa, benefícios previdenciários, imposto abaixo das outras tarifas de tributação e com valor único.

- **Desvantagens:** faturamento limitado (atualmente o teto máximo deste modelo é de 81 reais mil por ano) e contratação de apenas um funcionário.

- **Empresário Individual (EI)**: outro modelo pensado para quem não quer ter sócios, no EI você assume em nome próprio, como empresário do seu negócio, e a grande vantagem é não ter mais de se preocupar com o limite de faturamento e tampouco com o de contratação, já que aqui o céu é o limite. Entretanto, existe uma limitação importante: o seu patrimônio pessoal se mistura ao patrimônio da empresa, por isso, em caso de dívida, o seu credor poderá cobrar você e o seu CNPJ ao mesmo tempo.
- **Empresa Individual de Responsabilidade Limitada (Eireli)**: visando solucionar essa mistura de patrimônio do EI, este

---

7. Disponível em: https://www.gov.br/empresas-e-negocios/pt-br/empreendedor.

modelo foi criado em 2011 justamente para ser uma opção que mantivesse separados os patrimônios da empresa e do empresário, vantagem que se soma a não ter limite de faturamento e de contratação de funcionários. Entretanto, para aderir a esse modelo, o capital social, ou seja, o valor a ser investido para abrir a empresa neste modelo, precisa ser de no mínimo cem salários-mínimos - o que acaba inviabilizando para quem não possui esse capital para colocar no negócio.

- **Sociedade Limitada Unipessoal (SLU)**: esta opção une as vantagens das figuras jurídicas anteriores: não possui limite de contratação de funcionários e faturamento, os patrimônios são separados e não há limite de capital social. Esta é uma opção nova para os empreendedores e uma grande opção para quem quer começar sua empresa sem sócio.

## OPÇÃO PARA QUEM QUER TER UMA SOCIEDADE

Neste caso, vamos explorar apenas a opção mais usada, que é a **Sociedade Limitada** - que são as empresas com Ltda. no final do nome. Cada caso é um caso, mas, em tese, este modelo significa que os sócios têm responsabilidades jurídicas de acordo com o valor que investiram na empresa no momento em que ela foi aberta, e este modelo possui todas as vantagens de contratação e faturamento da anterior, ou seja, sem limites.

Aliás, é muito comum você começar sozinho, depois aparece uma pessoa para te ajudar no decorrer do lançamento e vocês acabam por atuar como sócios, porém sem um contrato que formalize isso você estará desprotegido - bem como o seu patrimônio pessoal, no caso de problemas no futuro -, por isso é fundamental que haja a formalização desde o começo dessa parceria. E mais, o contrato societário deve ser realizado com um advogado e um contador de confiança, para que contenha os elementos básicos, como: os direitos e deveres dos sócios, o capital social da empresa e, principalmente, as cotas a que cada sócio tem direito, condizentes com a participação dele no negócio.

No curso Plano Vê temos uma aula bem completa sobre quadros societários na qual explicamos em detalhes essas modalidades e, também, as implicações jurídicas de cada uma. Mas, aqui, quis trazer pelo menos um apanhado para que você possa buscar ajuda jurídica e contábil tendo um pouco mais de informação sobre o tema.

O curioso é que muitos dos alunos do Plano Vê são pessoas que já estão no digital - muitos deles com faturamentos milionários -, mas que simplesmente ignoraram essa etapa. Certamente você ouvirá que é certinho demais e que está desperdiçando dinheiro com impostos de notas fiscais e contratação de funcionários (eu mesma ouvi muito), pois sempre tem alguém oferecendo um caminho mais fácil e mais rápido, mas eu jamais me deixei impactar por isso, pois processos e gestão me dão poder de execução e vida longa ao meu negócio. E isso prova que estou no caminho certo.

## GESTÃO E PROCESSOS EM FAVOR DA CRIATIVIDADE

Bibi sempre brinca que muitas pessoas entram para o mercado digital achando que a realidade é só o "Venha a nós" e esquecem o "Vosso Reino", ou seja, acham que só vão encontrar vantagens, faturamento alto, custos baixos, sem precisar se preocupar com os deveres.

Mas o mercado digital não é uma terra sem lei, e friso isso por dois motivos: primeiro, porque quero que você e o seu negócio tenham vida longa e, segundo, porque negócios informais prejudicam o mercado como um todo, impedindo o seu desenvolvimento.

Ou seja, todos nós temos a perder com essa informalidade.

Não acredito que o mercado digital precise de mais processos. Acho que ele precisa de processos, simples assim, e nós temos a grande vantagem de que aqui eles serão muito mais assertivos porque contamos com os dados e métricas, além de termos mais poder de reação. E não estou falando somente de processos para vender mais – porque isso, na Agência Vê, por exemplo, não representa nem 1/3 de todos os manuais que temos por lá –, mas sim de todo o funcionamento da sua empresa.

Mas, afinal, o que seriam os processos?

**PROCESSO** é como você define que uma ação irá acontecer, é o manual, o passo a passo com que uma tarefa será realizada, e, para funcionar de fato, ele precisa ter um objetivo e ser analisado constantemente para ser melhorado cada vez mais.

Na prática, imagine que você irá realizar a contratação de um funcionário, então a definição de um processo é estabelecer:

- **Como será o processo para atrair os candidatos**: um post no Instagram? Um anúncio no LinkedIn? Você terá uma empresa para fazer o recrutamento? Como será o descritivo da vaga?
- **Quais passos os candidatos deverão seguir**: haverá testes? Quais? O que o candidato precisa enviar de informação para a seletiva? Quem realiza o processo de entrevistas?
- **Quando contratado, como será a recepção desse novo colaborador**: que tipo de material ele recebe? Quem irá recepcioná-lo e passar as diretrizes do que ele irá desempenhar? Ele terá uma reunião com o resto do time?
- **Qual o período de experiência do novo membro do time**: quando devem se reunir com ele para conversar sobre a sua adaptação e desenvolvimento após começar a atuar na

empresa? Quais métricas serão aplicadas para avaliar esse desempenho no período de experiência?

- **Em caso de permanência e contratação efetiva**: em que momento será apresentado o seu plano de carreira? Essa permanência é comunicada ao time todo? Há algum curso no qual ele precisa ser inserido a partir de então? Haverá um novo cadastro, novos e-mails, inserção no calendário de aniversários da empresa ou algo relacionado?

É basicamente estabelecer o passo a passo para que o candidato seja encontrado, testado, contratado e integrado à empresa. Com isso, você ganha assertividade, já que todo esse manual te ajudará a construir um time mais qualificado; tempo de execução, visto que esse processo pode ser replicado para outras vagas sempre que a empresa precisar; e, o mais importante, delegação dessa tarefa, afinal o responsável por ela só precisará seguir o processo, sem depender de sua participação em toda essa operação sempre que for contratar um novo colaborador para a sua empresa.

Foi isso que me fez ter sucesso ao descentralizar as atividades da minha mão e, mesmo assim, manter a qualidade da entrega da minha empresa, exatamente o contrário do que eu fiz na minha agência de eventos; desta vez minha equipe tem processos bem definidos e está em constante busca para melhorá-los.

## O processo te dá poder de execução, mitiga erros e aumenta sua capacidade de analisar e tomar decisões.

Como diz o título desta seção, os processos não foram feitos para tornar a sua empresa chata e engessada, pelo contrário, eu nunca pensei em ter uma empresa "burocrática". Eu acredito que eles são nossos maiores aliados para deixar o fluxo de trabalho mais leve e permitir que você e seu time produzam mais e melhor. Não estamos falando de ter um formulário até para comprar uma caneta, e sim de criar um manual para direcionar as ações que vão impactar diretamente o seu desenvolvimento.

Quanto mais iniciante for a sua empresa, mais ela precisará de processos, pois certamente a sua equipe será mais júnior, e sem o direcionamento certo é pouco provável que o trabalho seja eficiente e de alta qualidade. E isso independe da área do marketing digital em que você atuará ou atua. Como exemplifico no Plano Vê, sua empresa precisa contar com uma eficiente esteira de produção, como a de uma montadora de carros, por exemplo, onde não importa o modelo, a esteira base será a mesma, e o que irá fazer essa montadora crescer é ter eficiência em processos que garantam que o carro chegue ao final com todos os parafusos no lugar.

De acordo com o nosso modelo de negócio, desenvolvemos a **Trilha do Expert**: um processo-chave que garante poder de produção, de análise e de decisão ao meu time, para que ele saiba qual botão apertar em cada situação, independentemente de eu estar na empresa ou não. Na Trilha da Agência Vê, por exemplo, consta cada passo do desenvolvimento do trabalho com o especialista e o lançamento do curso on-line; assim, mesmo se eu não estiver na empresa, todos do time terão um guia para consultar e saber o que fazer de acordo com a etapa do projeto.

Nesse manual, descrevemos todos os processos a partir do fechamento do contrato, os pontos-chaves que precisam ser definidos na etapa de alinhamento (determinar qual será o projeto, identificar e antecipar oportunidades e ameaças, e assim por diante), até as etapas finais, quando desenvolvemos e colocamos no ar o curso e a análise do que funcionou ou não, bem como o que fazer a partir disso.

É de fato o passo a passo a partir do zero para o projeto de um curso on-line acontecer e a partir do qual todas as pessoas envolvidas saberão exatamente como proceder. Esse é um ótimo exemplo de processo bem definido, e eu só precisei pensar em como eu queria exatamente que meu time agisse e resolvesse as questões práticas dessa rotina da minha empresa. Alguns dias dedicados a desenhar esse caminho, mas que nos poupam muito tempo e evitam problemas e erros que podem gerar prejuízo.

## GESTÃO PARA UMA VIDA LONGA

Falei anteriormente que o mercado digital é vantajoso, democrático e mais simples, mas que não é uma terra sem lei, e quis dizer isso de maneira literal mesmo. Facilidade não quer dizer informalidade, e você possui, sim, responsabilidades, assim como em qualquer outro mercado.

O argumento de que ainda não há uma legislação específica e, portanto, tudo bem fazer de qualquer jeito não é mais uma desculpa. Desde 2019, devido ao crescimento acelerado do setor, o governo e os órgãos reguladores já têm se movido para regulamentar duramente o mercado; com isso, grandes players que vinham surfando de maneira informal tiveram que acertar as contas, principalmente de impostos devidos e leis trabalhistas.

Eu já esperava por isso, afinal, se surge um mercado que não para de crescer, é claro que uma hora ou outra haverá uma fiscalização. Você pode não gostar disso, espernear que é injusto, mas essa é a realidade se quiser que seu negócio evite erros e problemas que podem culminar em portas fechadas.

Foi o que aconteceu, por exemplo, com a publicidade digital. Quando os influenciadores surgiram e começaram a faturar milhões promovendo ações sem sinalizar que aquele post ou vídeo era uma publicidade, não demorou para que isso chamasse a atenção do Conselho Nacional de Autorregulamentação Publicitária (Conar), que aceitou as denúncias feitas pelos consumidores, dando origem ao artigo 36 do Código de Defesa do Consumidor[8], obrigando as marcas e os influenciadores a sinalizar quando fizerem uma ação paga. O movimento também aumentou a fiscalização de pessoas que ensinavam coisas – como exercícios físicos e dietas – sem ter um registro para isso, podendo ser enquadrado, de acordo com o artigo 47 da Lei 3.688[9], como exercício ilegal da profissão.

Essa regulamentação não só fez muitos influenciadores gigantes terem sua audiência e nome comprometidos – muitos deles com multas e processos na Justiça – como também promoveu uma limpa no mercado, separando os amadores dos profissionais.

É exatamente esse movimento que tem ocorrido no mercado digital e que é um caminho sem volta: os clientes e o consumidor final não toleram amadores e serviços sem qualidade, e os órgãos estão de olho em quem tem tentado lucrar sem arcar com as responsabilidades.

---

8. Confira mais em: http://www.planalto.gov.br/ccivil_03/leis/l8078.htm.

9. Confira mais em: https://presrepublica.jusbrasil.com.br/legislacao/110062/lei-das-contravencoes-penais-decreto-lei-3688-41#art-47.

Conheço muitos casos de negócios com faturamento na casa de centenas de milhões por ano que estão tendo que consertar agora todas as notas fiscais não emitidas, as dezenas de funcionários não registrados, a falta de declaração de imposto de renda e outros problemas que estão arruinando o fluxo de caixa - isso no caso daqueles que possuem um.

O que eu quero dizer com tudo isso é que você pode, sim, arriscar e ir empurrando com a barriga, mas, neste caso, sinto te informar, você não tem um negócio de longo prazo. E vou te mostrar isso usando exemplos da própria Vê.

- **CONTABILIDADE**: este é o básico do seu negócio e também foi o do nosso. Se você é MEI, poderá fazer a contabilidade por conta própria, mas, caso se enquadre em algum dos outros modelos de empresa dos quais falamos anteriormente, precisará contar com um profissional. No meu caso, eu precisava ter um escritório de contabilidade; mesmo assim o começo foi difícil, até a Bibi entender quais etapas precisava seguir, como acompanhamento do fluxo de caixa, organização de todos os impostos a serem pagos etc. Para quem não está acostumado, pode ser um choque no começo, é verdade, mas aos poucos, e pedindo ajuda, estudando o assunto, vai virando rotina no seu negócio e fica mais fácil não só gerenciar o financeiro, mas também toda a parte fiscal de impostos e notas que você precisa emitir.

- **CONTRATAÇÃO DE FUNCIONÁRIOS**: até pouco tempo atrás, eu acreditava que a única forma correta e possível era ter uma equipe no regime de trabalho com carteira assinada, mas meu olhar tem mudado. Conheci empresas que conseguiram expandir e formar equipes extremamente competentes mesmo a distância (falaremos mais disso adiante) e com contratações no formato de Pessoa Jurídica (PJ) e então entendi que outros modelos poderiam ser viáveis, desde que o empreendedor soubesse respeitar as regras previstas pelas leis trabalhistas, entendesse quais os riscos e vantagens de cada opção e as relações entre empresa e colaborador fossem claras. Começamos a agência contratando estagiários, não só pelo custo, mas também para que pudéssemos ensinar do zero e moldar nosso time. Muitos foram efetivados e outros foram chegando depois, sempre no modelo presencial e com registro CLT, e hoje, para a realidade da Vê e analisando vantagens e desvantagens, decidimos manter este nosso formato, mas estamos abertos à flexibilidade dependendo do caso, sempre priorizando a clareza nas relações. É sempre importante consultar um advogado e um contador para analisar os riscos para sua empresa. Jamais tome uma decisão sem uma consultoria especializada.
- **CONTRATOS**: nenhum prestador de serviço executa algo para nós e nenhum expert tem seu produto lançado pela

agência sem que haja um contrato bem firmado. Esse é um passo básico para garantir o seu negócio, mas muito comum de ser ignorado, e isso não é questão de confiança, mas sim de profissionalismo e de proteção ao seu negócio e à outra parte envolvida. Perdi as contas de quantas pessoas eu conheci que foram desenvolvendo projetos somente no acordo verbal e terminaram com as mãos abanando quando, por exemplo, o expert foi embora e levou com ele todo o resultado do trabalho que desempenharam juntos. Resumindo: sem um contrato, você está desprotegido em qualquer negócio. Busque um advogado, se possível especializado no digital, para que ele te auxilie corretamente no desenvolvimento das necessidades jurídicas da sua empresa.

## PROCESSOS PARA EXECUTAR E CONTRATAR MELHOR

Definir o seu **modelo de negócio**, estabelecer qual será o **modelo empresarial** que irá adotar para começar e ir desenhando os **primeiros processos** já te coloca pelo menos 50% à frente da maioria que está nesse mercado. E mais, já começa a construir em você uma mentalidade de respeitar o seu negócio independentemente do tamanho que ele tem hoje, já pensando no que você quer que ele se torne.

Quando comparado a outros nomes do mercado, o nosso negócio ainda era pequeno em faturamento, mas já éramos campeões em gestão, e isso permitiu que ele se desenvolvesse em um ritmo mais acelerado e consistente. Processos são sobre se antecipar!

Como nós saímos de um negócio do 0 para um faturamento de 20 milhões de reais em menos de três anos? Tendo processos que me permitiam executar mais e gastar menos tempo pensando em coisas que já haviam sido antecipadas, e no digital isso é muito importante, porque tudo acontece muito mais rápido.

A máquina da Vê não para de girar, não para de funcionar.

Mas essa máquina não foi construída de um dia para o outro, foi aos poucos. Os seus processos também não vão surgir em uma única reunião, o segredo mora na consistência de executar e melhorar constantemente. Mesmo hoje, estou sempre de olho para encontrar pontos que precisam de uma solução ou melhoria. E você pode estar se perguntando: mas, afinal, como surgem os processos? Eu te digo que existem pelo menos três maneiras de você começar a desenhá-los na sua agência:

- **PELA DOR**: quando você passa por um problema e desenvolve um processo para que ele não se repita.
- **POR ANTECIPAÇÃO**: quando você imagina o que pode acontecer e cria um processo para se preparar para esses acontecimentos futuros.

- **APRENDIZADO COM O OUTRO**: quando você aprende com quem já vivenciou determinadas situações, ou seja, com quem já está mais à frente, absorvendo aquela experiência sem precisar passar pela mesma situação.

Eu posso te garantir que, durante o desenvolvimento da sua empresa, você vai aprender muito com a dor. O pulo do gato aqui é entender que, quanto mais você evitar essa primeira opção e desenvolver seus processos por antecipação e/ou aprendendo com outras pessoas, seja um mentor ou até mesmo um colega da mesma área, melhor será para a sua jornada. Com certeza você economizará muito tempo, dinheiro e dor de cabeça.

É por isso que eu digo que o nosso mercado é tão generoso. Eu mesma nunca vi nenhum outro compartilhar tanto conhecimento, basta estar atento e ter senso crítico para filtrar.

Tenho uma facilidade muito grande em antecipar situações, algo que devo ter desenvolvido nos doze anos em que trabalhei com eventos: eu realmente precisava prever tudo para garantir o máximo de segurança nas minhas entregas, da previsão do tempo até a contratação de seguranças, incluindo seguros e equipamentos extras, caso algum estragasse.

Essa era a minha rotina e eu consegui trazer isso para o universo dos lançamentos. Quando fundamos a Vê, mesmo sem ter muita experiência com marketing digital, eu conseguia enxergar o macro e criar vários processos já pensando no que poderia acontecer. Naquele início, em 2018/2019, não havia quase nenhum conteúdo disponível sobre gestão e processos no digital; eu fui desenvolvendo os nossos, e isso acabou gerando uma certa curiosidade dos meus colegas, que não conseguiam entender como eu fazia para gerenciar meus projetos tão bem.

Foi então que eu comecei a compartilhar esse conteúdo nas minhas redes sociais e atrair muitos seguidores carentes daquele assunto. Costumo brincar que virei uma expert da minha própria agência, e todas as minhas iniciativas a partir daquele momento têm sido no sentido de ajudar a profissionalizar cada vez mais o nosso mercado. Me orgulho de ter sido uma pioneira nesse assunto que é tão essencial.

# CÓDIGO DE

# Cul—
# tu
# ra—

*"É o que acontece na sua empresa quando você não está lá."*

CAPÍTULO 5

# Agência Vê ♥ Hotmart

Há duas coisas que você precisa saber sobre a relação entre a Agência Vê e a Hotmart, empresa brasileira que é uma das líderes globais em produtos digitais e cujo valor de mercado já ultrapassou a casa de 1 bilhão de dólares.

A primeira é que eu não comecei lançando meus infoprodutos com eles. Mais que isso: eu questionei a forma como eles cobravam a porcentagem sobre as vendas. Eu queria entender o que eles tinham a oferecer para justificar aquele preço, e isso quando eles já eram o maior nome desse setor.

E a segunda é que os nossos primeiros valores enquanto empresa foram escritos em plena madrugada, em um quarto de hotel em Minas Gerais, depois de um evento da marca.

Ou seja, o fato de ela ser a plataforma que usamos hoje para o nosso negócio é o menor dos laços que nos une. A realidade é que a essência da Agência Vê, muito do que nos guia e do que queremos propagar para o mercado, é inspirada no jeito

Hotmart de ser e fazer, e a nossa relação nasceu justamente do dia em que eu decidi questionar o formato de cobrança deles.

Fazia pouco mais de seis meses que a Vê estava rodando, já tínhamos feito cerca de 500 mil reais em vendas e eu buscava uma solução para o nosso sistema de pagamentos - que na época vinha apresentando diversos problemas. Resolvi então testar a Hotmart, porém achei a comissão que eles cobravam muito alta e decidi enviar um e-mail para o suporte nos apresentando, dizendo que estávamos inseguros sobre o que eles cobravam e querendo saber se tinham uma solução especial para agências.

Era dezembro de 2018 e, coincidentemente, a Hotmart já estava começando a criar iniciativas pensadas para as agências de lançamentos. Dias depois, no dia 26 de dezembro, para ser mais exata, recebi a resposta em um e-mail de uma pessoa chamada Ricardo - que se tornou um dos meus grandes amigos -, cujo título era: Agência Vê ♥ Hotmart.

Aquilo me ganhou, porque ser bem atendida é uma coisa que me agrada demais. O e-mail era gigante e o Ricardo explicou não só o que a empresa oferecia, mas quem ela era, no que acreditavam e os valores que estavam por trás daquela corporação, até chegar na forma de entregar soluções aos seus clientes.

Preciso dizer mais alguma coisa?

Fizemos um lançamento teste usando a plataforma, e o resultado foi tão surpreendente que nunca mais mudamos. Até aí tudo bem, eles eram a solução que usávamos para o nosso negócio, assim como tantas outras, mas veio então o convite que mudaria completamente o nosso jogo e essa relação.

## HOTMART PARTNERSHIP PROGRAM

O Partnership era um projeto para aceleração e desenvolvimento de agências feito em três fases: um curso on-line que ensinava a mexer na plataforma da Hotmart, uma imersão sobre empreendedorismo e estratégia de dois dias em Minas Gerais e, o mais cobiçado, um acompanhamento de doze meses com uma equipe dedicada da Hotmart. Logo que recebemos o curso on-line e começamos a ter acesso a contatos e aprender mais sobre como esse mercado funcionava, percebi que havíamos arranhado apenas a superfície do que era empreender no marketing digital. Havia muito, muito mais além daquilo que tínhamos visto até então.

Porém, o impacto veio mesmo na imersão que ocorreu em meados de março de 2019, lá naquela terra maravilhosa que é Belo Horizonte. Só para você entender, até aquele momento nós éramos uma agência de lançamentos, possuíamos um negócio que estava crescendo de maneira sólida e estruturada, mas não tínhamos relacionamento fora do nosso escritório com outras pessoas que também estavam empreendendo nesse mercado.

De repente, estávamos reunidos com mais de cinquenta pessoas que já possuíam agências ou estavam começando a empreender, vindas de todos os lugares do país, e tendo aulas com pessoas que desbravaram o marketing digital no Brasil. Palestras e workshops não focados em como lançar, mas sobre gestão, experiência do cliente e diversos outros assuntos voltados para a mentalidade do digital e das agências.

No final do primeiro dia, uma das pessoas do time da Hotmart trouxe uma aula sobre valores e cultura organizacional, apresentando o **Código de Cultura** da startup e como aquilo transformou o negócio deles. Lembro-me de estar sentada assistindo e quase sentir as engrenagens girando na minha cabeça, enquanto encaixava as peças como em um quebra-cabeça, conectando a recepção que eu havia tido naquele primeiro e-mail, na forma como o Ricardo havia me mostrado como e por que eles eram a melhor escolha, e vendo que o que aquela pessoa dizia ser a cultura da Hotmart era de fato a experiência que o Ricardo havia me passado no atendimento.

Eu fiquei fascinada. Nós já desenvolvíamos algo semelhante, mas ainda era muito embrionário perto daquilo que eu estava vendo e estava disposta a ter na Vê.

Na época, a Hotmart tinha cerca de quatrocentos funcionários, e hoje são mais de 1.500; não era o tamanho de equipe que eu queria ter, mas me caiu a ficha de que era o Código de Cultura que me faria desenvolver um time que fosse totalmente alinhado com os nossos valores e o que queríamos para a nossa empresa.

Eu queria o meu "efeito Ricardo"!

## Construindo o "efeito Ricardo"

Qual é sua primeira atitude depois de descobrir a solução para um problema que estava fervendo em sua cabeça há tempos? Eu não consigo pensar em outra coisa a não ser começar a colocar aquilo em prática imediatamente, e é por isso que o rascunho do nosso Código de Cultura começou a ser desenhado naquela mesma noite no quarto do hotel.

Enquanto Bibi implorava para voltar para a cama e descansar, eu parecia uma criança que tinha comido açúcar demais e não conseguia parar de falar e pensar. Naquela noite nasceram sete dos nossos valores.

Como diz a frase que abre esta parte do livro, o Código de Cultura é a definição do que acontece quando você não está na sua empresa. Em uma linguagem um pouco mais técnica, é o motivo pelo qual a sua empresa existe (missão), os princípios nos quais ela se baseia e que você quer que perpetuem para a equipe e o mercado (valores), e aonde a sua empresa pretende chegar (visão). No caso da Agência Vê:

- **MISSÃO: Ir além dos lançamentos, impactando positivamente o mercado da educação através dos conteúdos dos nossos especialistas.** Isso significa que queremos fazer mais do que abrir e fechar carrinhos, queremos trazer produtos que sejam relevantes e gerem um grande valor para o mercado de ensino a distância.
- **VISÃO: Ser uma agência reconhecida pelo profissionalismo e estar entre as melhores do país em resultado financeiro, ambiente de trabalho e impacto positivo para o mercado.** Ou seja, não importa apenas o faturamento, mas todo o ecossistema composto pelo nosso time, parceiros e alunos.
- **VALORES**: temos nove frases, mantras, que simbolizam os nossos valores:
  - **Priorize o cliente**: o nosso cliente não é o expert, este é nosso parceiro; o cliente são todos os nossos alunos, e eles são prioridade sempre que vamos tomar uma decisão.
  - **Desperte o melhor no outro**: eu, o meu time e nossos especialistas e produtos precisam despertar o melhor no outro, criando um ambiente de trabalho saudável, cursos transformadores, senso de equipe e assim por diante.

- **Traga a solução junto com o problema**: este é um dos meus favoritos, e sempre incentivo que os meus alunos e mentorados o incorporem em suas empresas. Dou autonomia para que o meu time possa pensar na solução, para que sejam solucionadores de problemas, o que, por sua vez, impacta em ter uma equipe mais autorresponsável e afasta o tipo de funcionário que eu não quero ter: aquele que só sabe trazer o problema e fazer apenas o que lhe é mandado.
- **Conteúdo transformador em primeiro lugar**: estamos o tempo todo melhorando o nosso conteúdo de cursos, redes sociais e tudo mais, para que ele transforme positivamente a vida da audiência e dos alunos.
- **Organização e metodologia a favor da criatividade**: como não poderia deixar de ser, este é um dos nossos principais pilares, ter eficiência nos processos e na gestão. Entretanto, eles não podem tornar nosso funcionamento burocrático e matar nossa criatividade, mas sim tornar as atividades eficientes, de forma que possamos abrir espaço para novas e melhores ideias.
- **Entregue mais do que esperam de você**: é a descrição do famoso *overdelivery* e se aplica para o que nós, líderes, entregamos à nossa equipe e parceiros, o que o time entrega para a empresa e o que a empresa entrega para os clientes.

- **Aprenda algo novo todo dia**: o marketing digital talvez seja o mais dinâmico e mutante dos mercados. Todo dia tem algo novo surgindo, e ter esse apreço por aprender é fundamental para nós. Não é que tenhamos que aprender algo incrível e do zero a todo momento, mas estar conectado com as mudanças e possibilidades, e aprender nem que seja o significado de uma palavra nova por dia.
- **Simplicidade com eficiência**: vou ser sincera com você, este valor nasceu justamente para puxar o meu próprio freio. Eu sou uma pessoa acelerada e muito criativa, estou sempre inventando alguma coisa, então preciso ter um valor que segure um pouco essa energia toda, que muitas vezes apresenta ideias complicadas demais que exigem uma energia desproporcional ao resultado. Por isso, este valor consiste em prezar pelo simples e bem-feito, gerar a melhor eficiência através da simplicidade.
- **Seja responsável por sua carreira**: acredito muito nesse valor, porque ele representa a importância da autorresponsabilidade, e é isso que eu espero do meu time ao desempenhar suas funções dentro da Vê.

A maior parte dessa lista nasceu naquela noite e foi muito significativa para nós, principalmente porque também percebemos que a maioria das nossas tomadas de decisão era motivada por valores semelhantes, valores meus e da minha irmã, mas foi a primeira vez que formalizamos isso em papel e estaria exposto em nosso escritório. Foi nesse evento que percebemos que aquilo era a representação do que estávamos construindo e a base para tudo que fôssemos fazer a partir daquele dia.

## Cultura organizacional é o mapa

Colocar no papel os seus valores, missão e visão é importante, mas só isso não basta para você estabelecer um Código de Cultura eficiente. Como diz a definição do Sebrae, que eu particularmente acho ótima, se a estratégia são os tijolos da sua empresa, a cultura organizacional é o cimento que faz com que tudo se mantenha sólido, e é por isso que ela é tão importante.

A minha antiga agência tinha uma cultura, mas infelizmente ela não era organizada por um código e, por isso, enfrentamos tantos problemas. Valorizar os processos, por exemplo, era algo inerente a mim, eu aplicava no dia a dia dos eventos mesmo sem me dar conta, mas isso não era um código da empresa, não era incentivado no dia a dia de quem trabalhava comigo, então poucos se importavam ou desenvolveram essas habilidades.

Uma cultura de trabalho vai sempre se estabelecer, independente de você definir um código ou não. O problema é que, se você não o fizer, as "regras invisíveis" que vão se criar no seu negócio podem minar pouco a pouco o seu crescimento. Por exemplo, há uma hierarquia de liderança ou o funcionário pode falar com aquele chefe de que ele gosta mais para ter mais chances de conseguir um "sim"? Cada um entende a responsabilidade que precisa praticar ou agem apenas de acordo com o que foram pagos para fazer? O ambiente é agradável, divertido, ou não há um senso de comunidade?

Como se pode ver, essas regras invisíveis podem tanto prejudicar o crescimento do seu negócio como também criar um ambiente no qual as pessoas não se sintam atraídas para trabalhar, tudo porque não foi estabelecido um Código que direcione tanto quem já está ali quanto quem chega.

Para os funcionários, é uma espécie de acordo estabelecido com a empresa sobre como tudo irá funcionar, além da função que ele foi contratado para desempenhar, uma ideia do universo do qual ele fará parte dentro daquela empresa. Já para a liderança, é o manual para atrair ao time pessoas que realmente tenham sinergia com essa ideia e modo de fazer. Para ambos, é o mapa que irá ensinar a navegar, principalmente quando a rota estiver confusa.

A cultura organizacional da Hotmart[10] foi o primeiro contato que tive com o conceito e, por isso, não podia deixar de destacá-la aqui. Recomendo a todos que leiam mais detalhes sobre como a startup criou o seu modo de trabalhar e desenvolver talentos, mas queria abordar três crenças que aprendi por lá e que, segundo João Pedro Resende, o JP, CEO e cofundador da empresa, ajudaram a moldar o Código deles.

- **GENTE EXTRAORDINÁRIA GOSTA DE TRABALHAR COM GENTE EXTRAORDINÁRIA**: JP explica que bons profissionais, focados em se desenvolver e construir uma carreira de sucesso, não gostam de trabalhar em times em que as pessoas fazem corpo mole, entregam trabalhos malfeitos, reclamam de tudo e não assumem responsabilidade sobre o todo. Assim como pessoas que são péssimos profissionais não gostam de trabalhar em ambientes que incitam o aprimoramento constante e o foco em performance. É por isso que a Hotmart foca sempre em buscar os melhores profissionais e liberar esses que não condizem com a cultura que eles querem, para que o time esteja sempre na mesma página.

---

10. Confira o conteúdo completo em: https://www.linkedin.com/pulse/3-cren%C3%A7as-que-ajudaram-moldar-cultura-da-hotmart-joC3%A3o-pedro-resende/?originalSubdomain=pt.

É o caso da Vê. Se a nossa cultura tem como valor a autorresponsabilidade, por que vou manter no time uma pessoa que não se compromete com isso? Segundo JP, esse valor é difícil de praticar, porque muitas vezes você terá que demitir pessoas que são queridas, mas que não estão no mesmo ritmo das outras e, pior, podem acabar influenciando o resto do time.

- **CLIENTES NUNCA VÃO AMAR A EMPRESA SE A EQUIPE NÃO A AMAR ANTES**: ninguém se dedica a algo com que não se importa, simples assim. O Ricardo não teria me proporcionado um atendimento tão surpreendente na nossa primeira conversa se não se importasse com a empresa na qual trabalha, e é isso que o JP destaca como algo fundamental na cultura da Hotmart. O seu time precisa gostar da empresa em que está para que tenha prazer em trabalhar ali e, portanto, cuidar dela e do serviço/produto que ela vende; e, para que isso aconteça, a empresa precisa primeiro se importar com o time, genuinamente. Isso quer dizer que disponibilizar uma vaga e pagar pelo serviço desempenhado configura apenas um vínculo empregatício, não uma equipe, não um senso de pertencimento em quem trabalha na sua empresa. É preciso criar uma cultura em que as pessoas se sintam impactadas com o propósito do negócio e, para isso, você terá que proporcionar ações reais e concretas, como:

eventos de integração entre todos, transparência, planos de bonificação, entre outras iniciativas – no capítulo de gestão de pessoas vamos conversar ainda mais sobre isso.

- **DEIXE O MESTRE EXECUTAR SUA MAESTRIA**: pessoas boas gostam de trabalhar com pessoas boas e de desempenhar aquilo em que são boas. JP explica que a cultura da Hotmart faz com que as pessoas tenham liberdade para realizar seus trabalhos e autonomia para propor soluções, pois é só confiando em seu time que a marca é capaz de continuar crescendo.

## É possível se inspirar, mas não copiar

A cultura de uma empresa nasce da mentalidade dos donos, da visão que seus fundadores tiveram lá no começo do quanto ela faria a diferença. É por isso que você pode se inspirar na Hotmart, na Vê ou em qualquer outra empresa, mas não será possível copiar e tentar colar no dia a dia do seu negócio.

O Google é um exemplo disso. A gigante da tecnologia foi uma das pioneiras em propor um ambiente totalmente inovador e por pregar a informalidade na forma de trabalho e gerenciar a equipe, com mesas de jogos, pessoas trabalhando de sofás, pufes ou nos jardins, cada um fazendo seu horário e assim por diante. Entretanto, este é um recorte de toda uma cultura específica, de um nicho específico, com profissionais com mentalidade específica, e não algo que possa ser aplicado em qualquer negócio, com qualquer time.

O Código de Cultura é sobre o DNA da empresa, daqueles que ali trabalham, e precisa, acima de tudo, funcionar e ser incentivado. A inspiração na Hotmart só deu certo porque aqueles valores já estavam em mim, já colocávamos em prática no dia a dia, do contrário, seriam apenas palavras em um papel.

## Um Código de Cultura se constrói aos poucos

Eu posso até ter listado junto com a Bibi os valores da nossa empresa em uma noite, mas isso é muito diferente de construir um Código de Cultura. Ele é feito aos poucos e, mesmo depois de terminado, precisa sempre ser reforçado e estimulado para se tornar parte do dia a dia da sua empresa.

A história da LEGO é um exemplo disso.

Ao longo de dez anos, a empresa dinamarquesa do ramo de brinquedos vinha perdendo, em média, 300 mil euros por dia – cerca de 3 milhões de reais – em valor de mercado por conta de uma série de problemas de gestão que quase a levaram à falência. Até que, em 2004, o novo CEO, Jorgen Vig Knudstorp, assumiu o comando da marca e, em 2019, o balanço anual da companhia apontou um lucro recorde de quase 2 bilhões de dólares.

Segundo Knudstorp, dois fatores foram fundamentais para reverter o jogo: abrir os olhos para o mercado digital que vinha mudando a forma das pessoas se divertirem e trazer à tona o principal valor que levou a LEGO a ser um sucesso lá no início da sua existência, que era "A LEGO estava em um negócio para criar brinquedos de construção inovadores em que as crianças poderiam aprender com eles".

O jogo virou quando eles se lembraram dos motivos pelos quais a LEGO existia, ou seja, desenvolver produtos que proporcionassem aos seus consumidores a divertida sensação de brincar e criar coisas através das famosas pecinhas. Esse era o motivo pelo qual a empresa fora criada, e precisavam então voltar às suas raízes!

Com isso em mente e desenvolvendo novas iniciativas que acompanhassem os seus consumidores, como uma série de filmes para o cinema (começando com *Uma Aventura Lego*, que alcançou 470 milhões de dólares em bilheteria), a empresa retomou o seu crescimento e faturamento, alcançando a liderança do mercado de brinquedos no mundo, sempre apostando na premissa básica de seu Código de Cultura.

É nisso que o seu Código de Cultura precisa se basear, fazendo com que todos se lembrem disso constantemente, principalmente nos momentos de desafios. Uma coisa é colocar no papel, outra é colocar em prática diante dos problemas do dia a dia, e é sobre isso que vamos falar na próxima seção.

## O GAP ENTRE DEFINIR E APLICAR

Bom, o processo de escrever valores, missão e visão parece bem romântico e idealista, mas entre definir esses pontos e aplicá-los existe um espaço gigante chamado dia a dia. É nesse dia a dia, quando você está ali enfrentando a rotina com parceiros, clientes, alunos, contas para pagar, funcionários e tudo mais, que cada uma dessas coisas será testada.

E eu sei exatamente como é isso.

Fazia pouco tempo que tínhamos criado nosso Código de Cultura e começamos a enfrentar vários problemas com um dos experts, problemas que considerávamos muito sérios, como a falta de atendimento aos alunos e a entrega dos materiais combinados na hora da venda. Entretanto, esse projeto era o único dos três que tínhamos que estava minimamente estabelecido, e seu lançamento sempre apresentava o melhor desempenho.

Bibi e eu ficamos por semanas debatendo sobre isso e tentando achar uma forma de gerenciar a situação, até que um dia peguei o nosso Código de Cultura e percebemos que o parceiro feria pelo menos cinco daqueles valores que eram essenciais para a nossa empresa. Era o momento da encruzilhada, o primeiro desafio que colocava frente a frente os nossos valores pessoais e os valores da empresa com um faturamento que bancava 80% do nosso negócio. Então, depois de uma longa conversa, tomamos a decisão de romper com o expert baseado nesse descumprimento de valores, uma decisão difícil e até arriscada, mas ao mesmo tempo fundamental para que pudéssemos interiorizar ainda mais aquelas diretrizes que vínhamos construindo.

Esse é justamente o desabafo que recebo de muitos empreendedores que, diante de situações com as quais não concordam, acabam "engolindo" por medo de perder o cliente ou parceiro. Outros deixam de definir valores e Código de Cultura com medo de não conseguirem sustentar a escolha diante de um cenário decisivo.

Eu compreendo esse medo e o que é fazer algo de que você não gosta e com o qual não concorda diante da necessidade de tomar uma decisão prática, entretanto, vejo dois cenários nesses casos: esses **não são de fato os seus valores**, ou você até os criou, acredita neles, mas **não estão interiorizados**.

## A Charada do Bom Coração

No primeiro caso pode acontecer o que falei acima, de você ter se espelhado em outro negócio que admira e tentado replicar algo que não é genuinamente seu e, por isso, no dia a dia, quando uma situação bate de encontro com esse valor, ele não é tão forte a ponto de você parar para avaliar, então simplesmente busca uma justificativa para "burlá-lo".

Eu acredito que podemos mudar de opinião, mas valores são coisas bem mais profundas, e não é no primeiro obstáculo que iremos ignorá-los; além disso, se os valores de um negócio começam com o DNA do seu dono, claramente, se você não se importa com aquilo que colocou no seu Código, quais as chances de ele ser praticado na empresa?

Como mencionei na seção anterior, os valores da Vê sempre foram muito fortes em mim e na minha irmã, e, portanto, mesmo em um cenário em que o risco era grande, não tinha como não tomar aquela decisão. E aqui é importante mencionar que a Bibi, por exemplo, sempre pesou bem as decisões que envolviam o financeiro, por justamente prezar a estabilidade nesse sentido - estabilidade essa que ainda estávamos construindo na Vê –, mas os valores feridos pelo parceiro eram muito importantes, então não dava para ponderar.

*Como saber então se esse valor está em mim ou não?*

Bom, autoconhecimento é fundamental para o nosso desenvolvimento como um todo, principalmente quando começamos um negócio, por isso, entender e reconhecer nossos valores pessoais nem sempre é tarefa fácil. Mas existe um exercício que eu pratico com minha filha Aurora, que pode até parecer simples em um primeiro momento, mas eu o vejo como ideal para praticar os valores e as reações dela diante das situações do dia a dia.

Chamamos aqui em casa de **A Charada do Bom Coração**, na qual eu e meu marido vamos dando situações cotidianas e ela tem que responder o que faria, por exemplo: "Você está andando no shopping e encontra uma boneca no chão, o que você faz?" ou "Vamos comprar uma passagem e viajar para a Disney semana que vem?". É muito interessante ver como o pensamento crítico e os valores dela estão se desenvolvendo quando ela responde que levaria a boneca para os "achados e perdidos", afinal o brinquedo não é dela, ou que não podemos viajar devido à pandemia.

Estamos falando de um exemplo muito simples, mas que eu recomendo que você comece a fazer sozinho e depois com o seu time. Registre perguntas que se conectem com situações hipotéticas mas possíveis de acontecer para consultar na hora da tomada real de decisão e comece não só a avaliar as respostas que você adquire, mas também o que pode fazer para prevenir uma decisão que vá contra os seus valores.

Por exemplo, se você tem como valor não atender um nicho específico de infoprodutos e essa oportunidade surgisse, de forma a dobrar o seu lucro, você aceitaria? E se estivesse em uma situação ruim financeiramente, você repensaria esse valor? O que você precisa fazer para não dar margens a questionar essa decisão? E assim por diante.

A simulação de situações hipotéticas é diferente da vida real, mas vai te ajudar a entender quais são de fato os seus valores e a se preparar melhor para quando elas surgirem.

## Comunicar valores te diferencia e leva mais longe

Quando eu ainda tinha a agência de eventos, não havia um Código de Cultura e, como vocês puderam acompanhar, em diversos momentos a empresa esteve no vermelho. Em uma dessas situações, recebemos um e-mail para realizar um evento; como era um coquetel simples, não me atentei e mandei o orçamento para o evento.

Dias depois, pesquisando melhor, me dei conta de que a contratante era uma marca de cigarros, então entrei em contato com o cliente, explicando a situação, e informei que não poderia fazer o evento porque não atendíamos aquele nicho. Não contei o motivo para o cliente na época, mas, com apenas três anos, fiz um acordo com meu pai de jogar minha chupeta fora se ele parasse de fumar, e aquela proposta de evento me fez relembrar aquele acordo.

“Mas o que vocês têm a ver com isso? Só vão fazer o evento”, foi a resposta ao meu e-mail, e, mesmo com a conta no vermelho e podendo usar esse argumento, não consegui ir em frente com o contrato, porque o meu valor de não atender algo que prejudicava a saúde das pessoas era muito maior do que a situação difícil da minha agência.

Não existia a Charada do Bom Coração na época, mas esse é um ótimo exemplo de uma situação que pode abalar um valor que não está realmente enraizado.

No episódio do expert com o qual encerramos a parceria por ferir o nosso Código de Cultura, nós tínhamos certeza de que havia sido a melhor decisão, uma atitude necessária, mas, ainda assim, não quer dizer que tenha sido fácil. Entretanto, a situação ajudou a reforçar que aqueles eram os nossos valores, e não apenas palavras, e me ensinou que, quando você se posiciona para o mercado, coisas incríveis acontecem.

Nós encerramos esse contrato em novembro de 2019 e menos de um mês depois a própria Hotmart nos indicou para uma expert totalmente alinhada com a nossa empresa e que está conosco até hoje. Em setembro de 2020, por desdobramentos desse mesmo episódio, eu e o Rodrigo Vinhas (estrategista do mercado digital à frente de projetos renomados, como o do especialista em finanças Gustavo Cerbasi e o do coach Geronimo Theml, e fundador da agência Egratitude) nos tornamos amigos e isso resultou na criação de um projeto juntos, a Egrativê, que é totalmente alinhado com o que nós dois acreditamos.

O Código de Cultura é sobre isso.

É sobre construir algo que represente a sua empresa, quem vocês são, no que acreditam e os valores que moldam as suas atitudes, algo que vai sendo construído aos poucos e se tornando cada vez mais forte à medida que novos colaboradores chegam e complementam com suas visões de mundo e a cada situação que põe à prova as coisas nas quais você acredita.

O Código também tem tudo a ver com processos, porque é o mapa que a sua empresa irá consultar quando você não estiver lá, sendo capaz de tomar decisões da mesma forma como você tomaria; portanto, sua marca terá muito mais independência de agir sem prejuízos.

Por fim, o Código de Cultura é aquilo que eu consulto quando estou cansada, desmotivada e pensando em desistir, para me lembrar do motivo por que a Vê foi criada, assim como o CEO da LEGO, uma empresa com quase cem anos que também precisou revisitar seus valores para se colocar nos trilhos de novo.

# Pro_ces_sos

## PARTE II

CAPÍTULO 6

# Comece pequeno, pense grande

A Vê nasceu na mesa de jantar do meu antigo apartamento, em meio aos brinquedos da Aurora, e se resumia em um computador para mim e outro para a Bibi. Nem de longe a agência era o que é hoje: um escritório decorado, composto por várias salas comerciais, em um prédio bonito, com equipamentos e ferramentas eficientes.

Essa é a realidade do começo de muitos dos grandes players do mercado digital e de tantas companhias do mundo – por exemplo, a gigante brasileira dos chocolates Cacau Show se iniciou na cozinha de seu fundador, o empresário Alexandre Tadeu da Costa, na época com dezessete anos.

Mesmo que você tenha dinheiro para investir em uma estrutura para o seu negócio, não é uma atitude muito inteligente gastar tanto em algo que você ainda está validando – principalmente se está empreendendo pela primeira vez –, por isso, neste capítulo vou explorar com você algumas formas de estruturar o começo da sua empresa de maneira eficiente, começando pequeno, mas pensando grande no longo prazo.

A Vê cresceu aos poucos. Conforme os lucros foram acontecendo, íamos investindo em melhorias no escritório, ferramentas mais eficientes, benefícios aos funcionários, ou seja, sempre um passo de cada vez e nunca um passo maior do que a nossa perna poderia dar.

Definir um formato de trabalho inicial é o seu próximo passo.

## HOME OFFICE

O marketing digital reforçou ao mercado de trabalho este modelo que há tempos era comum nos Estados Unidos e na Europa, mas que sempre provocou muita resistência aqui no Brasil, principalmente devido à dificuldade dos líderes de monitorarem o trabalho da equipe, medo do novo, entre outros motivos. É claro que nem todos os setores podem aderir ao home office, mas a popularização dos negócios digitais começou a mostrar que o movimento de trabalhar de forma remota era uma realidade que não poderia mais ser ignorada.

Em março de 2020, chegou a pandemia de Covid-19 e o home office se tornou de vez uma necessidade para empresas dos mais diversos mercados, desde audiências da Justiça até construção civil – chegando a quase 9 milhões de profissionais, segundo levantamento do Instituto de Pesquisa Econômica Aplicada (Ipea)[11], e isso levando em conta apenas pessoas do mercado formal. A abertura de vagas em trabalho remoto também teve impacto, com um aumento de 309% se comparado a 2019, de acordo com levantamento do Vagas.com[12].

A adesão a esse modelo se tornou uma necessidade no começo, mas centenas dessas empresas optaram por manter o formato de maneira permanente. Foi o caso da própria Hotmart, que anunciou que todas as suas sedes (São Paulo e Belo Horizonte, no Brasil, além dos escritórios da Holanda, Espanha, Estados Unidos, México, Colômbia e França) irão trabalhar de forma remota, e da corretora de valores XP, que liberou o home office permanente para os seus mais de 2,7 mil funcionários.

Apesar de a Vê não adotar esse formato, eu acredito que o digital é um mercado incrível, com o qual você pode construir e expandir a sua empresa em um escritório em casa, com todo o seu time funcionando remotamente e de forma muito

---

11. Acesse a pesquisa completa em: https://agenciabrasil.ebc.com.br/economia/noticia/2021-02/numero-de-trabalhadores-em-home-office-diminuiu-em-novembro-de-2020.

12. Acesse a pesquisa em: https://g1.globo.com/economia/concursos-e-emprego/noticia/2021/03/04/oferta-de-vagas-em-home-office-dispara-309percent-em-2020-diz-pesquisa.ghtml.

competente, mas, para isso, é necessário se atentar a alguns pontos tanto de início quanto no longo prazo:

- **TENHA SEU ESPAÇO DE TRABALHO DEFINIDO**: trabalhar em casa não significa desordem ou falta de rotina. Se a cada dia você escolher um canto da sua casa para fazer suas atividades, vai perder uma enorme produtividade. Isso serve para os seus funcionários e parceiros também. O melhor é determinar o local fixo onde irá organizar sua estação de trabalho e fazer daquele espaço o ambiente de desenvolvimento do seu negócio.
- **COMUNIQUE AOS OUTROS MORADORES**: quando eu estava de home office, tinha uma dificuldade enorme de fazer com que as pessoas entendessem que eu não estava em casa à toa, eu estava trabalhando e, por isso, não podia ser interrompida ou realizar tarefas aleatórias. Essa é uma dor comum de quem tem família, filhos, e a solução pode ser mais simples do que você imagina: uma conversa de alinhamento! Comunique a todo mundo como as coisas devem funcionar para que você consiga trabalhar de forma remota sem que a vida doméstica interfira.
- **TENHA HORÁRIOS**: como eu já contei nos capítulos anteriores, no começo eu e a Bibi trabalhávamos em horários muito insanos, pois tínhamos muito o que fazer e nenhuma equipe

para ajudar. Isso é normal no começo do seu negócio, mas pode se tornar uma cilada ainda maior quando você trabalha remotamente. Ter horário para começar e parar de trabalhar é fundamental para você estabelecer uma rotina saudável e ter uma vida, afinal, o seu dia não pode ser composto só de trabalho. Ficar horas em frente ao computador ou em reuniões intermináveis **não é sinônimo de produtividade**! Produtividade é ter um dia no qual você consiga cuidar das diversas áreas da sua vida, como trabalho, saúde, vida familiar, lazer. Esse ponto aqui é especial para mim, porque é uma das únicas coisas das quais eu me arrependo na minha jornada de construção da Agência Vê; se eu pudesse voltar no tempo, teria sido mais gentil com a minha rotina pessoal e familiar, e eu não quero que você cometa esse mesmo erro.

- **ESTABELEÇA PROCESSOS**: este livro é todo sobre processos e gestão, e, quando se fala de home office e gerenciamento de equipe remota, eles são ainda mais importantes. Reuniões periódicas e eficientes, uma ferramenta para acompanhamento das tarefas, um canal único para a comunicação de todos e horários de trabalho estabelecidos para o time são alguns dos pontos para os quais você precisa atentar.
- **HOME OFFICE NÃO É SINÔNIMO DE INFORMALIDADE**: se você optar por construir uma equipe remota, saiba que existem

exigências trabalhistas específicas para esse formato, como a obrigação de custear o acesso à internet do seu colaborador. Pense que você está estruturando uma empresa que, mesmo não sendo física, exige uma série de formalizações, por isso procure uma consultoria com um bom contador ou advogado.

## ESCRITÓRIO FÍSICO

Este é o formato que escolhemos para a Agência Vê, e fizemos isso porque tanto eu quanto a Bibi gostamos de trabalhar de maneira "tradicional", tendo contato diário com as pessoas e uma rotina mais corporativa. Algumas vantagens do escritório físico é que a gestão e a criação de processos, em sua maioria, são mais ágeis e assertivas. Outro ponto é que é muito mais fácil construir cultura, por exemplo, com as pessoas convivendo entre si diariamente.

Em contrapartida, um time 100% físico é mais limitado quando pensamos em contratações; enquanto uma empresa remota pode reter talentos no mundo todo, uma empresa física terá um leque menor de opções para contratar porque estará limitada à sua região. Prós e contras de uma decisão dentro do seu modelo de negócios.

Desde o início tínhamos definido que queríamos ter um escritório assim que possível, então começamos a nos preparar financeiramente para dar esse passo, sempre focando em algo que coubesse no nosso bolso naquele momento e que pudéssemos sustentar no longo prazo, afinal, de que adiantaria sair do home office para meses depois ter que voltar por não conseguir arcar com uma estrutura física?

Toda economia era bem-vinda, então, desde pregar quadros na parede até passar a fiação da internet, vários serviços foram feitos por nós na hora de montar o primeiro escritório (e os que vieram depois também).

O mesmo vale para você.

Não precisa ir para o prédio mais caro da sua cidade ou comprar os móveis do design X e Y. Eu acredito que um ambiente gostoso de trabalho faça toda a diferença na sua produtividade e até mesmo na sua motivação para trabalhar, porque dá um orgulho danado ver a empresa crescendo e ficando cada dia mais bonita e estruturada, mas faça isso com sabedoria para investir em melhorias de acordo com sua realidade no momento.

## HÍBRIDO

Há ainda a opção de ter parte da empresa funcionando fisicamente e outra parte no home office, um escritório em que os funcionários têm a possibilidade de escolher os dias em que irão trabalhar de casa e os dias em que terão de comparecer à empresa.

Esta é a opção pela qual a Bibi optou; em alguns dias ela vai até a agência e em outros trabalha de casa. Com a pandemia, também se tornou o modelo favorito de muitas empresas. Quando funcionários e gestores começaram a esbarrar em problemas comuns do home office, como a necessidade de ter um ambiente mais formal de reuniões, ou até mesmo a vontade de socializar com colegas do trabalho[13], 85% dos entrevistados manifestaram a vontade de adotar o modelo para conciliar escritório e home office.

E não estamos falando apenas do mercado digital. A Doma Arquitetura, um dos escritórios de arquitetura mais renomados do país, já anunciou que, mesmo após a pandemia, vai manter sua estrutura no formato híbrido, adaptando todo o espaço para receber seus colaboradores quando eles acharem importante estarem presentes nesse ambiente. Eu acho esse formato genial, porque é um meio-termo entre o total home office e o total presencial, sendo possível contratar talentos de qualquer parte do mundo, reduzir custos e ainda manter o ambiente corporativo, ajudando na gestão da empresa e na manutenção da cultura. Não descarto que um dia a Vê possa manter essa opção oficialmente para todos os nossos colaboradores.

---

13. Confira a pesquisa completa em: https://valorinveste.globo.com/objetivo/empreenda-se/noticia/2020/12/25/modelo-de-trabalho-hibrido-e-o-favorito-para-o-pos-pandemia.ghtml.

A ideia é unir os benefícios do trabalho remoto, como driblar o trânsito das grandes cidades e rotinas mais flexíveis, com as vantagens do trabalho presencial, como a interação entre todos do time, o que faz com que o híbrido pareça o modelo dos sonhos. Entretanto, ele também pede uma junção de cuidados, visto que apresentará os desafios de ambos os formatos:

- **TIME MADURO E AUTORRESPONSÁVEL**: com a mescla de ambientes, é preciso que o nível de competência e responsabilidade do seu time esteja extremamente alinhado para que os projetos não sejam prejudicados. Certamente o desempenho de cada um será melhor em um ambiente ou outro, por isso você precisa contar com um time autorresponsável para que as entregas não sejam comprometidas.
- **ENTENDA AS MUDANÇAS TRABALHISTAS**: busque auxílio para entender quais são as regras para aderir a esse modelo na sua empresa, seus direitos e deveres, e reforce os seus processos de Recursos Humanos para blindar a sua empresa de qualquer problema trabalhista. Essa mesma segurança é importante de ser observada se você for manter o modelo do home office.

O fato é que, independente do modelo que você escolha – remoto, físico ou híbrido –, é importante entender que os investimentos e as melhorias ocorrerão aos poucos, mas que não podem deixar de ser feitos. Todos os meses você precisa reverter parte dos lucros para fazer a sua empresa crescer e investir em estrutura, seja equipamentos, sistemas, servidores, drives, licenças de ferramentas e softwares, entre outros.

Mesmo em um mercado que te possibilita faturar milhões em uma semana e da sala de jantar de um apartamento de 42 $m^2$, em algum momento grandes chances podem ser perdidas pela falta de estrutura e reinvestimento no negócio.

Não é a melhor câmera, a plataforma de e-mail marketing mais famosa ou o computador que ainda nem chegou no Brasil que irão determinar o seu sucesso. É sobre fazer o investimento que cabe no seu bolso e entregar sempre o melhor que você puder naquele momento.

Na Vê, começamos com o home office, depois fomos para uma sala comercial, em seguida precisamos de mais duas salas e, posteriormente, nos mudamos para outro prédio e alugamos mais salas para acompanhar o crescimento dos nossos resultados e equipe. O nosso negócio foi crescendo rapidamente porque esse é o mercado digital, fértil para quem sabe aproveitar as oportunidades.

## BRANDING: QUEM É VOCÊ NA FILA DO PÃO?

Nesta seção, vou te ajudar não só a entender o que é branding, mas como aplicá-lo no seu negócio dentro do digital, porém, antes de tudo, quero que você saiba que a construção de uma marca não acontece em meses ou semanas. É um trabalho de longo prazo e que precisará ser constantemente estimulado; não basta fazer uma ação, criar um perfil nas redes sociais ou ter um logo para dizer que realiza ações de branding. Uma marca é construída com sua história, e a Coca-Cola está aí para não nos deixar mentir: fundada em 1886, ela está entre as dez marcas mais valiosas do mundo e, mesmo assim, investe anualmente mais de 4 bilhões de dólares em marketing e comunicação.

Do mesmo jeito, não é porque você é grande que pode se dar ao luxo de não prestar atenção à sua marca, e quem está começando não pode esperar ter anos de mercado para então olhar para sua comunicação – até porque é justamente esse posicionamento que te ajudará a crescer mais rapidamente.

Todos os anos eu e a Bibi temos uma reunião geral para definirmos qual será o foco da agência nos próximos doze meses, as metas para além dos clientes e os projetos com parceiros. No ano em que escrevo este livro, 2021, o objetivo que definimos para nós enquanto empresa foi o de investir em ações que fortalecessem e potencializassem o nosso branding, a construção da marca Agência Vê.

Mas esse caminho já vinha sendo trilhado desde o começo de tudo, mesmo que de maneira inconsciente.

Da mesma forma que nos preocupamos em ir desenvolvendo nossos processos internos conforme íamos faturando e fechando novas parcerias, também tivemos a inteligência de começar a construir posicionamento e networking com o mercado desde a nossa criação, e é por isso que em menos de dois anos de empresa já tínhamos recebido propostas de grandes players para comprar parte do nosso negócio.

Foi o fortalecimento da nossa marca que também permitiu que estivéssemos entre as maiores agências do país mesmo antes de o nosso faturamento ser o que é hoje. Em contrapartida, conheço profissionais incríveis com resultados estratégicos gigantescos que possuem menos ativos e reconhecimento do que nós, simplesmente porque não se posicionaram como uma marca.

Lembre-se: uma marca pode continuar existindo sem uma empresa, mas uma empresa não sobrevive sem uma marca.

## Posicionamento + autoridade = branding

Esta é a equação para exemplificar o caminho que você precisa construir com a sua empresa para ter uma marca forte.

É no **POSICIONAMENTO** que mora a definição de como você quer ser lembrado pelo mercado: que tipo de palavras você quer que venha à mente das pessoas quando elas pensarem em você ou na sua empresa? Quais associações quer que elas façam com relação ao seu produto ou serviço? Que tipo de sentimentos quer que o seu posicionamento desperte?

O posicionamento da Vê, por exemplo, é ir contra o marketing ostentação que por anos dominou o mercado. Queremos que o nosso público nos veja como referência de processos e gestão de negócios, como uma empresa sólida e que perpetua bons produtos e soluções, contribuindo para o crescimento e o desenvolvimento do mercado digital.

A rede de cafés Starbucks tem como posicionamento ser um espaço de acolhimento entre a casa e o trabalho de seus clientes para que eles possam relaxar, ter conversas agradáveis e reuniões informais. Uma parada informal e descontraída para terem o que a marca chama de "momento Starbucks". Já a Natura se posiciona para além de uma marca de beleza e cuidados pessoais, se coloca como uma marca humana e de causas sociais ao trazer como bandeira o slogan "O que uma marca de beleza pode fazer pelo mundo?".

Definir o seu posicionamento te leva ao segundo bloco da nossa equação, **AUTORIDADE**. Para ser e ter autoridade dentro do mercado digital - ou em qualquer outro -, não basta definir o seu posicionamento, é necessário praticar aquilo que você prega e provar que de fato entende e usa o que está posicionando.

A autoridade tem a ver com coerência entre o que você diz, o que pratica e os resultados que possui. O que me coloca como autoridade para falar sobre processos e gestão de empresas dentro do marketing digital é o fato de eu possuir uma empresa que tem sucesso nesse sentido; eu estudo e pratico no meu negócio o que ensino.

Como em todo mercado, o marketing digital possui boas e más empresas, bons e maus players, aqueles que de fato possuem autoridade para se posicionar e os que fazem parte do grupo que possui apenas empreendedores de palco, e é por isso que, se você quiser que a sua empresa seja reconhecida, precisará desenvolver a sua marca e fazer a sua gestão de branding.

## Como desenvolver a sua marca

- **MODELO DE NEGÓCIO E CULTURA ORGANIZACIONAL**: não tem como você desenvolver uma marca se não possuir um modelo de negócio e começar a estabelecer sua cultura organizacional. Isso porque o seu posicionamento consiste em apresentar para o mercado o que é a sua empresa, as coisas nas quais você acredita, o que quer perpetuar, quais os seus valores...
- **IDENTIDADE VISUAL**: outro ponto importante é pensar na configuração visual que fará com que o mercado identifique

a sua empresa. Estou falando das cores, símbolos, formas e tipologias que serão utilizadas em toda a comunicação do negócio. Esses elementos ajudarão a reforçar a presença do seu negócio.

- **AÇÕES DE BRANDING**: a partir de então, começa o processo de comunicar a sua identidade visual e desenvolver ações que vão fortalecer a sua marca, afinal, como falei, isso precisa ser constante para que você de fato se torne e se mantenha uma autoridade no seu nicho.
  - **Presença digital**: esta é uma ação que eu nem deveria precisar falar para os empreendedores do marketing digital, mas a ironia é que o número de negócios que não possuem um perfil nas principais redes sociais - ou até abriram uma conta por lá, mas está às moscas - é enorme. Você não precisa contratar uma pessoa só para cuidar das redes, caso não possua verba nesse início da empresa, ou desenvolver estratégias mirabolantes e planos de comunicação e conteúdo complexos, mas é fundamental ter uma página nas redes sociais que contenha os contatos da sua empresa e seja minimamente alimentada para que as pessoas saibam que a sua empresa existe e está ativa. Uma forma simples de fazer isso é documentando a sua jornada. Foi exatamente assim que eu comecei o meu perfil no Instagram

(@ellensalomao_), mostrando o que estava fazendo todos os dias na Agência Vê.

- **Site**: de fato, as pessoas têm consumido muito mais as redes sociais, porém é importante que você compre o domínio da sua empresa e tenha um site para que sua empresa seja encontrada. Existem hoje diversas plataformas em que você pode desenvolver um layout de graça e, aos poucos, deixá-lo mais profissional.
- **Grupos de networking**: como falamos nos capítulos anteriores, o mercado digital possui uma cultura muito forte de eventos e troca de experiências através de mentorias, mastermind, eventos ou comunidades de estudos, lugares onde você pode fortalecer sua marca, seu nome e desenvolver novos negócios. Por isso, é interessante se planejar financeiramente para participar desses grupos e encontros.
- **Assessoria de imprensa**: esta é uma etapa na qual você irá precisar de investimento e, portanto, planejamento para execução, mas acho importante que você já a mantenha no radar. Mesmo com o crescimento das redes sociais, os veículos de mídia, como jornais, programas de TV, rádio, revistas e sites, seguem como ferramentas superestratégicas para gerar autoridade e formar a opinião do público, por isso, é um serviço que pode contribuir e muito com o fortalecimento da sua marca.

- **Relações públicas**: no mesmo caminho da assessoria de imprensa, RP é o serviço/profissional que vai te conectar com marcas e pessoas do universo digital e off-line, te ajudando a construir pontes e trabalhar seu networking.
- **Livro, podcast, canal...**: ações estratégicas, como um podcast, um canal no YouTube ou um livro escrito por você, são algumas ferramentas que podem potencializar o alcance da sua marca e do seu trabalho, além de reforçar a sua autoridade.

## Como cuidar da sua marca

Uma marca leva tempo para ser construída, mas, infelizmente, ela pode ser destruída com apenas uma legenda mal pensada ou uma citação mal interpretada. Fazer a gestão de branding também significa cuidar da sua marca para evitar o que chamamos de **crises de imagem**, que, com a rapidez da internet, podem se alastrar como fogo em palha seca, causando prejuízos na relação marca x consumidor, processos, banimento de determinadas redes e espaços, além de prejuízos milionários.

Sem entrar no mérito se é ou não um movimento correto, o fato é que estamos na era do "cancelamento", no qual o público consumidor boicota empresas ou pessoas que apoiam ou tomam alguma iniciativa vista como intolerável pela opinião pública. De fato, existem problemas que acontecem sem você se dar conta, mas a maioria das crises de imagem pode ser prevenida ou pelo menos ter seu impacto minimizado se você ficar atento aos seguintes tópicos:

- **POSICIONAMENTOS POLÊMICOS**: faz parte da sua estratégia de marca? É realmente necessário expor uma determinada opinião que pode despertar reação negativa em parte de um mercado? Estamos na era do propósito e é fato que marcas que se posicionam podem construir uma grande identificação, mas faça isso com clareza para que nada prejudique a sua marca.
- **PESSOA FÍSICA x PESSOA JURÍDICA**: uma ferramenta poderosíssima é a humanização de uma marca. Aqui a regra é o contrário do que ocorre quando falamos do fluxo financeiro da empresa, enquanto lá CPF e CNPJ se separam. Você, como dono da empresa, pode agregar muito valor se entender que a sua marca pessoal colabora com o crescimento do negócio. Mesmo que seja uma pessoa tímida ou reservada, saiba que existem formas de trabalhar a sua presença na internet, respeitando a sua individualidade.
- **NEM TUDO É PÚBLICO**: direitos de imagem e citação de fonte são muito importantes e devem ser levados em consideração na hora de produzir um conteúdo. Por isso, sempre que for trabalhar algo, atente-se para não usar nada sem a devida citação ou autorização do proprietário.

- **CANAL ABERTO DE COMUNICAÇÃO**: se por acaso tiver qualquer problema com sua marca, ignorar não é a melhor solução. A situação pode piorar, caso você não se posicione ou busque uma forma de resolver. A melhor coisa que podemos fazer nestes casos é manter um diálogo claro e educado, sempre tentando solucionar com a máxima urgência e atenção.

## ATENDIMENTO: O BÁSICO POUCO VALORIZADO

Um bom atendimento não é diferencial, mas sim obrigação, entretanto, um atendimento de excelência ainda não é uma prática comum no mercado digital. Inclusive, não é raro ver o cliente sendo tratado com descaso ou se deparar com coisas absurdas, como o que aconteceu comigo no início de 2020: eu participava de um grupo de mentoria – do qual havia pagado cerca de 40 mil reais para fazer parte – que me prometia acompanhamento anual com o qual, além de aulas on-line, também teríamos três eventos com palestras e outras atividades.

Era meu segundo ano de participação naquele projeto, até que, em meados de abril, percebi que meu acesso aos conteúdos estava bloqueado. De pronto, entrei em contato com o suporte e dias depois, com muito descaso, fui informada de que havia sido suspensa do programa por não estar de acordo com o posicionamento deles no mercado. Todo grupo de mentoria tem suas regras, claro, mas revi minha conduta e constatei que não havia infringido nenhuma delas; me surpreendi ao questionar o suporte e simplesmente não obter nenhum retorno.

Insisti por vários meses em todos os canais possíveis – atendimento por telefone, e-mail e ouvidoria –, mas não tive sucesso. Até que consegui falar com uma das diretoras operacionais, que me respondeu dizendo que nada poderia fazer para resolver o meu caso. O absurdo dessa história não é somente o fato de suspenderem o serviço que eu havia contratado sem nenhuma explicação, mas também o de não devolverem o meu pagamento, mesmo com todos os meus pedidos.

Já imaginou entrar em uma loja, comprar 40 mil reais em mercadorias, não recebê-las e ficar por isso mesmo? Foi exatamente o que aconteceu comigo, e sigo até o momento no qual escrevo este livro sem nenhuma explicação ou retorno da empresa em questão.

O atendimento é uma das maiores preocupações da Vê. Somos, inclusive, muito reconhecidos pelo cuidado extremo com nosso suporte, por termos assertividade e por executar ações pensando sempre no sucesso dos nossos clientes. O atendimento que você e sua equipe prestam impacta em muitos processos, principalmente de vendas, mas é ainda mais essencial quando falamos da sua marca, porque ele humaniza, dá credibilidade e mostra que a sua empresa está realmente comprometida com a entrega.

Vamos usar como exemplo a Nubank, startup brasileira que não só foi pioneira das contas digitais como forçou uma transformação no setor bancário do nosso país. Uma das principais mudanças foi no atendimento. Sem agências bancárias e atendimento presencial - gerente? O que é isso? -, a empresa dá uma aula com seu aplicativo pelo qual o cliente consegue resolver a maioria das suas necessidades em questão de minutos (aumentar ou diminuir limite, cancelar um cartão, pedir reembolso, pagar uma fatura, relatar um problema e muito mais), e o que você não consegue resolver por lá pode acionar por telefone, cujo time segue três diretrizes para garantir a satisfação do cliente: 1) que ele tenha as dúvidas respondidas ou receba as informações de forma rápida; 2) que ele tenha certeza de que a pessoa do outro lado entendeu exatamente o problema; 3) que ele saiba que a empresa se importa com o estresse pelo qual ele está passando devido à situação reportada.

As diretrizes, aliás, foram elaboradas a partir de uma pesquisa feita com clientes e potenciais clientes de diversas regiões do país, e esse cuidado com o cliente coleciona resultados: um dos mais famosos ocorreu em 2016, quando um cliente entrou em contato com a empresa pedindo o envio de um novo cartão, pois o seu havia sido comido por sua cachorra Belinha.

A startup não só enviou prontamente um novo, como também mandou uma carta escrita à mão e um brinquedo para o bichinho de estimação. "Infelizmente, não temos um cartão comestível, mas, como você disse que a cor roxa é sedutora, achei que a Belinha adoraria um brinquedo da mesma cor. Ela poderá mordê-lo muito e terá comidinhas de brinde - que você poderá colocar dentro dele", dizia o bilhete, que, claro, viralizou rapidamente na internet e se tornou um dos muitos cases dessa relação da Nubank com seus clientes.

Branding e atendimento caminham juntos, porque não adianta investir centenas de reais em ações e anúncios para atrair mais audiência se, quando essa pessoa chega ao seu produto ou serviço, ela é mal recepcionada. O mercado digital tem uma necessidade ainda maior de oferecer atendimento excepcional, porque as pessoas são bombardeadas a todo instante por inúmeras outras opções, logo, se você não presta um bom atendimento - que é o mínimo -, por que essa pessoa compraria de você?

*Mas, Ellen, tem diferencial para o atendimento on-line?*

Eu acredito que sim. O bom atendimento é fundamental em qualquer setor, claro, mas uma das grandes objeções para as pessoas não fazerem compras on-line está nesse medo de não conseguir suporte, de não ter uma pessoa ou um lugar físico para procurar ajuda em caso de problemas, de medo/preguiça do processo de devolução ou troca de um produto, ou de sofrer algum golpe, por isso as empresas no digital precisam focar no suporte humanizado a fim de aproximar ainda mais o relacionamento com o cliente e passar segurança.

São inúmeras as variáveis referentes ao atendimento que podem afastar um cliente da sua marca e, ainda mais, fazer com que ela fique malfalada e isso respingue nas suas redes sociais, fóruns e grupos, por isso o seu atendimento é fundamental para não deixar que isso aconteça e para que, em caso de problemas, possa agir rapidamente para solucionar e não deixar que isso se espalhe.

Um bom atendimento é ação fundamental para prevenir ou encerrar uma possível crise de imagem que poderia se transformar em algum problema, por isso, é importante desenvolver processos para oferecer o melhor atendimento sempre - de acordo com o feedback do seu cliente e não com o que você acha que é um bom atendimento - e criar processos, respostas, para que o seu time saiba como agir nas mais diversas situações.

CAPÍTULO 7

# Financeiro e administrativo

Este é o parquinho de diversões da Bibi lá na Agência Vê. Ela é a responsável por gerenciar o nosso setor financeiro e administrativo, tomando decisões estratégicas e traçando metas para o nosso crescimento; entretanto, eu optei por escrever este capítulo justamente porque, assim como eu, pode ser que essa não seja a sua especialidade, mas, como fundador ou sócio da empresa, você precisa ter pelo menos uma ideia do que acontece nesse setor fundamental do seu negócio.

Pode ser que neste momento você mesmo cuide de tudo por aí - financeiro, administrativo, estratégia, vendas, redes sociais... O começo é assim mesmo, está tudo bem, mas saber a hora de passar a bola para um profissional do assunto para que você possa se concentrar nas áreas que realmente entende é fundamental para que a sua empresa exista sem você, para que ela seja independente e autossuficiente.

É para isso que serve o gestor financeiro, profissional que irá administrar as finanças do negócio, bem como criar e fiscalizar o planejamento financeiro. Na maioria dos casos, essa pessoa acaba sendo um dos sócios, como acontece na Vê; em outras ocasiões, é um cargo terceirizado – como ocorre em tantas grandes corporações –, e ambas as formas têm suas vantagens e desvantagens:

- Você ou seu sócio podem nunca ter atuado nesse setor, entretanto, podem vir a aprender para que um ou outro assuma a função. Por outro lado, devem se atentar se não estão forçando o pensamento de que um de vocês precisa estar no financeiro, que não é o tipo de cargo que se terceiriza, e acabarem metendo os pés pelas mãos.
- Vocês podem optar por contratar um gestor financeiro e simplesmente ignorar o que ele propõe, ou deixar tudo em suas mãos sem se preocupar em acompanhar e aprender o mínimo para entender a raiz de cada estratégia do plano que ele propõe.

De nós duas, a Bibi sempre foi a que melhor administrou as próprias finanças: sempre organizou o seu orçamento pessoal de maneira muito eficiente, poupava regularmente, tinha esse olhar de planejar cada compra, fugia dos juros e mantinha o olhar atento em cada oportunidade de economia e bons investimentos; então era quase natural que ela assumisse esse setor na nossa sociedade. Mas não basta ser bom com números, afinal, tecnicamente, qualquer gestor profissional tem essa caraterística; o que a pessoa, sócia ou não, precisa ter para assumir esse cargo é:

- **INTEGRIDADE**: o seu gestor financeiro tem acesso a todo o faturamento da empresa e à administração, então, se esse sócio ou profissional é do tipo que adora se dar bem em qualquer situação, independente das consequências, ou não se preocupa com regras e leis, ele não tem perfil para o cargo.
- **ORGANIZAÇÃO**: eu, Ellen, não sou uma pessoa organizada, e uso dos processos justamente para me manter na linha, já a Bibi é a pessoa das pastas, subpastas e etiquetas, por isso posso perguntar para ela sobre qualquer documento da Vê, de qualquer data, que ela vai saber onde está. O seu gestor precisa desenvolver a organização, afinal, ele vai cuidar de uma série de pagamentos e documentos que possuem data para serem efetivados e guardados, então atrasos e perdas podem gerar prejuízos à empresa.
- **TRANSPARÊNCIA**: o gestor financeiro precisa manter os sócios informados sobre a saúde financeira da empresa, tanto quando estiver tudo bem como, principalmente, quando a empresa estiver com problemas à vista.

- **AGILIDADE PARA TOMAR DECISÕES**: o mercado digital oferece mudanças a todo instante e oportunidades que, para serem aproveitadas, exigem rapidez na tomada de decisões. Por isso, o seu gestor precisa se preparar para esta particularidade do setor e, assim, poder realizar projeções de lucro e prevenção de possíveis perdas em situações que não estavam previstas – como a oportunidade de um lançamento-relâmpago.
- **GESTÃO EMOCIONAL E DE PESSOAS**: o gestor financeiro lida o tempo todo com fornecedores que precisam receber, com pressão por lucro e economia, com pedidos de liberação de verba e investimentos, contas a pagar, enfim, uma infinidade de situações que exigem que ele tenha inteligência emocional para que, como diria a Bibi, não tenha um infarto por dia.
- **CONHECIMENTO TÉCNICO**: o gestor financeiro precisa entender sobre aquele setor e, se um dos sócios assumirá o posto, então ele deve aprender sobre os assuntos relacionados às áreas contábil, jurídica, tributária, gerencial ou financeira. Você não precisa ter conhecimento sobre tudo isso para começar, mas precisa querer aprender sobre esses pontos conforme a sua empresa for crescendo e necessitando, assim como também não precisa ter medo de pedir

ajuda - é para isso que servem as consultorias jurídicas, o seu contador...

- **ATENÇÃO PARA TODAS AS ÁREAS DA EMPRESA**: eu sou a responsável por toda a estratégia de lançamentos e, quando começamos a formar nossa equipe, a Bibi automaticamente foi se concentrando mais nas decisões gerenciais, entretanto, ela está sempre por dentro de tudo que acontece, tanto para que possa assumir alguma atuação, caso eu precise, quanto para compreender melhor as decisões que eu tomo e que impactarão nas decisões dela. O gestor financeiro precisa se inteirar de como as coisas são feitas no dia a dia da empresa, de como os serviços e produtos são desenvolvidos, para que consiga criar um planejamento de crescimento real e mais estratégico para a evolução do negócio.

Um bom exemplo é o da famosa chef, apresentadora e empresária Paola Carosella, que nos anos 2000, recém-chegada no Brasil, fundou o restaurante Arturito, em São Paulo, ao lado de seis sócios argentinos. Após doze anos infelizes com o andamento do negócio - Paola considerava os preços altos demais, que o estilo do espaço não combinava com o cardápio e que a forma como a administração era conduzida, priorizando apenas o lucro e a alta gastronomia, não funcionaria para o mercado consumidor indicado –, a chef decidiu arriscar: pegou um empréstimo milionário, comprou a parte dos sócios e reestruturou o restaurante, que segue agora como um dos mais famosos da capital paulista.

Por isso, os setores da sua empresa precisam estar integrados, pois só assim ela poderá crescer como um todo, tanto em novos produtos, serviços e ideias, quanto financeiramente. Dificilmente o setor financeiro conseguirá entender que às vezes surge uma oportunidade que requer uma estratégia mais ousada se você estiver fechado na realidade apenas do seu setor; e, em contrapartida, o criativo e estratégico não conseguirá compreender a importância do planejamento de gastos e de assumir apenas riscos calculados, os quais não comprometam a saúde financeira da empresa, se não buscar ouvir o administrativo.

## DESENVOLVENDO A SAÚDE FINANCEIRA DA SUA EMPRESA

Nas seções anteriores, falei sobre diversos pontos que irão compor a saúde financeira da sua empresa, os parâmetros para você analisar a sua realidade atual e instaurar caso não possua, como ter um pró-labore e separar conta pessoa física e jurídica. Aqui iremos fixá-los para que você possa recorrer facilmente sempre que precisar:

- **PREVISÃO DE FATURAMENTO**: já dizia o ditado popular, "querer não é poder"; por isso, a previsão de faturamento da sua empresa não é feita a partir do quanto você gostaria que ela faturasse, e sim com base em métricas e metas. O ideal é você fazer uma previsão anual e dividir em três partes ou quatro; assim, você consegue ir analisando nas reuniões se está no caminho para bater a meta ou se precisa de reajustes.

- **PLANILHA DE FLUXO DE CAIXA**: se você possui conta pessoal separada da conta da empresa e tem uma planilha, mesmo que simples, do que entra e do que sai da conta empresarial, então você já está na frente da maioria dos empreendedores iniciantes. Porém, além de controlar as contas, o fluxo de caixa tem papel fundamental para te mostrar que lucro líquido é diferente de lucro bruto, ou seja, não é porque sua empresa vendeu 20 mil reais este mês que você teve um lucro de 20 mil; ainda existem as contas a serem pagas e os custos de investimento.
- **TEMPO DE RECEBIMENTO**: este item importante do fluxo de caixa é também responsável direto por grandes problemas financeiros das empresas no digital. Em vários setores do mercado, principalmente o de infoprodutos, existe um tempo de recebimento que compreende o dia da venda efetiva, o tempo de garantia, mais o período até as plataformas disponibilizarem o valor na conta da empresa. Ter

essa noção é fundamental para que a sua empresa se programe para o espaço entre a data que o dinheiro entra na conta e todos os custos que precisam ser mantidos até isso acontecer – afinal, como sabemos, os boletos não esperam.

- **RESERVA DE EMERGÊNCIA**: o que nos leva à importância da reserva de emergência, esse fundo crucial para que a sua empresa cresça em um terreno seguro e você consiga tomar decisões sem a pressão das dívidas a pagar. O seu fundo de emergência pode ser formado aos poucos nesse começo, mas precisa ser de maneira progressiva, todo mês uma pequena porcentagem do faturamento para que você possa ir crescendo e se desenvolvendo.

Uma boa gestão financeira não é uma particularidade do mercado digital, mas nele exerce um desafio diferente, porque é um jogo de cifras altas; ou seja, em pouco tempo é possível faturar um valor que poucos negócios no off-line poderiam repetir. A contrapartida é que isso exige uma dose extra de cuidado para não se deslumbrar e construir castelos de areia no fundo do mar.

## Cuidado para não viver um padrão alto demais antes de deixar a sua empresa em um padrão alto demais!

Tenho convicção de que é a gestão financeira, e não o faturamento, que faz uma empresa, e conheço inúmeros negócios que me provaram isso, empresas que estão longe dos grandes palcos e players, mas que possuem uma estrutura sólida e projetos realmente impactantes por saberem gerir e reinvestir nas cadeiras-chave para desenvolver a marca.

Resumidamente, de 0 a 10, o setor financeiro tem importância 100 na sua empresa, mas não porque ele seja **mais** importante que o resto, e sim **tão** importante **quanto** o resto. Não acredito que seja possível separar financeiro de pessoas e estratégias. Todos precisam estar interligados para que a máquina possa funcionar, afinal, uma empresa não vive se não tiver lucro e não existe sem pessoas, portanto, são um corpo só, e um necessita do que o outro produz.

E é sobre elas, as pessoas, que vamos falar no capítulo a seguir.

CAPÍTULO 8

# Empresas são feitas de pessoas

Precisamos conversar seriamente sobre a relação do mercado digital com a contratação de funcionários e a formação de uma equipe, porque, sim, há diferença entre um e outro. Não é porque sua folha de pagamento está cheia de pessoas que você de fato tem um time. Além disso, e principalmente, este é um setor em que os empreendedores iniciantes ficam muito perdidos e, diante de um cenário no qual não sabem o que e como fazer, na maioria dos casos ocorrem duas situações: instaura-se o **medo de contratar** ou **vão fazendo isso do jeito que dá**, e a rotina vira um eterno apagar de incêndios.

Eu nunca tive medo de contratar, entretanto, antes da Agência Vê, eu enfrentava algo pior: contratava, mas depois que aquela pessoa estava na empresa eu não sabia o que fazer com ela, e em pouco tempo ficava insatisfeita, porque ela não executava as coisas da forma que eu precisava. Foi com a Vê que eu aprendi e entendi que, na verdade, o problema não estava no funcionário, e sim na minha liderança, pois problema de liderado é problema de líder, e nessa avaliação, anos depois, constatei que:

- Eu não era efetiva na hora de contratar as pessoas do time. Não havia processos, então eu acabava atraindo funcionários que não tinham a qualificação necessária para os cargos disponíveis.
- Como não havia processos e gestão de equipe eficiente, meus funcionários não tinham clareza do que precisavam fazer e muito menos ferramentas para se desenvolver e conquistar autonomia. Eu acabava frustrada, porque ninguém atendia às minhas expectativas e eu precisava refazer o trabalho de todo mundo.
- Eu não tinha a visão de que ter pessoas trabalhando para mim era diferente de montar um time, e, como a Grau não tinha um Código de Cultura, ali era só um lugar no qual aqueles funcionários precisavam ir para ganhar seu sustento, não havia senso de comunidade ou um propósito para seguir.
- Não bastasse tudo isso, eu centralizava todas as atividades e não sabia delegar, e esse é um ponto crucial que abordaremos neste capítulo. Não adianta você contratar pessoas se continuar com o pensamento de que "só eu consigo fazer do jeito certo, eles não farão do meu jeito". Como eu colocava a culpa neles por não fazerem as coisas do jeito que eu

precisava, eu mesma acabava executando e, por isso, permanecia sobrecarregada.

Eu não acredito que uma pessoa nasça com um chip de líder na cabeça, e sim que todo gestor está em constante construção e desenvolvimento, mas confio que um bom líder é aquele que lidera pelo exemplo. Você pode fazer discursos incríveis para engajar a empresa todos os dias, ter o Código de Cultura na ponta da língua, mas, se não praticar o que diz, em pouco tempo você será apenas uma figura decorativa para quem trabalha com você e para você.

Mais à frente vou falar sobre os modelos de liderança, mas primeiro quero abordar os benefícios de encarar o medo de contratar, afinal, o tema liderança não fará sentido se você for uma empresa de uma pessoa só.

Eu não tive, mas entendo quem tem. Pode ser o medo de crescer e aumentar as responsabilidades, afinal, estamos falando de pessoas, mas vamos analisar isso de forma mais ampla, listando os **benefícios**, a **contrapartida** e de que maneira você pode se **planejar para as consequências de ter uma equipe**.

## BENEFÍCIOS PARA CONTRATAR

- **DELEGAR**: na minha agência de eventos não fui muito exemplo nesse sentido, mas a história foi diferente na Vê.

Capítulos atrás mencionei que desde o início da agência começamos a criar uma esteira de produção, um processo em que íamos especificando cada etapa do trabalho, e isso foi fundamental, porque resolveu o meu problema de não saber o que fazer com o funcionário. Com essa construção, fomos contratando pessoas para realizar aquelas etapas específicas do nosso processo. Nossa primeira contratação foi de um editor de vídeos. Essa tarefa era feita pela Bibi, mas, por não ser sua especialidade, a qualidade não era a melhor; além disso, ela passava mais de seis horas por dia naquela função e sobrava pouco tempo para se dedicar à parte gerencial da Vê. Essa é a maravilha de poder delegar: sobra mais tempo para que, pouco a pouco, você possa se dedicar ao melhor do empreendedor: pensar e criar estratégias para o crescimento do seu negócio.

- **MELHORIA NA ENTREGA**: a Bibi fazia o seu melhor nas edições de vídeos, mas, quando contratamos um profissional dessa área, nossa entrega melhorou muito. Ter pessoas especializadas aumenta a qualidade do seu trabalho e a produtividade da sua empresa.
- **MELHORIA NOS PROCESSOS**: os processos te ajudam a contratar melhor e fazer com que o seu novo funcionário saiba o que e como fazer, e a soma de novas pessoas à equipe

ajuda a melhorar esses processos! Quanto mais cabeças diferentes usando aqueles processos, mais ideias vão surgindo para torná-los ainda mais eficientes, colaborando para que a sua empresa se desenvolva cada vez melhor.

Preciso dizer mais?

Ok, vamos para mais alguns motivos, caso você ainda não esteja convencido.

- **PRODUTIVIDADE PARA ESCALAR**: processos eficientes + pessoas para executá-los = produtividade. E, quanto mais produtividade, mais escala a sua empresa alcançará. Na verdade, esse é o único caminho para a escala. Vamos imaginar uma situação: digamos que você escolhe ter uma agência de lançamentos e que terá dois cursos on-line para lançar; se trinta alunos se inscreverem no primeiro lançamento, será bem simples prestar suporte para essa pequena turma, mas e quando você estiver fazendo lançamentos cada vez maiores? Uma turma de 500 ou até de 10 mil alunos? Impossível fazer esse suporte sozinho, concorda? Ou seja, para escalar, você vai precisar de um time de suporte. Isso vai valer para todas as áreas da sua empresa, independentemente do modelo de negócios que você escolher.
- **VIDA ALÉM DA EMPRESA**: é isso, eu não tinha uma vida quando possuía uma agência de eventos, o que explica por

que eu estava trabalhando duas horas depois de ter dado à luz a minha filha. Quando possui uma equipe eficiente, autorresponsável, pautada por bons processos, você pode continuar existindo sem que as coisas desmoronem sem a sua presença, seja tendo tempo para ter uma vida pessoal, seja saindo para realizar ações estratégicas que vão melhorar o seu negócio. Enquanto escrevo este livro, por exemplo, estou em São Paulo com a Bibi para uma oportunidade que surgiu para a nossa empresa, e o nosso time está atuando normalmente. A empresa segue funcionando e as demandas que precisam ser feitas estão sendo feitas.

Para muitas pessoas, a grande questão é achar que o único jeito de o serviço sair bem-feito é sendo executado por elas mesmas; se esse for o seu caso, eu preciso te dizer que isso não é verdade. É só olhar para as pessoas que você admira, que possuem grandes empresas e são grandes autoridades em seus nichos: elas não chegaram lá sozinhas. É clichê, mas é verdade: sozinho você vai, mas acompanhado vai ainda mais longe – e melhor.

É claro que esse desenvolvimento não é fácil, e na própria Vê não foi um mar de rosas, não abri uma nova agência com clareza total de como montar um time dos sonhos que nunca comete erros. Se ilude quem pensa que vai chegar no dia de total plenitude sem problemas na empresa, pois esse dia nunca chegará.

Trabalhar com pessoas é um desafio diário, e novos obstáculos surgirão à medida que seu negócio evolui. Só o fato de você entender isso e estar disposto a trilhar esse caminho te coloca em um patamar totalmente diferente da maioria dos empreendedores brasileiros.

Você terá grandes responsabilidades, e a primeira delas é de cunho prático: **as responsabilidades legais e financeiras**. Esse é um ponto que geralmente lidera a lista de quem tem medo de contratar: "Ellen, começar o mês sabendo que já tenho aquela pessoa para pagar é um sufoco", eles dizem e, de fato, isso é verdade, você tem a obrigação de realizar os pagamentos sem atrasos, pois essa pessoa depende de você para pagar as próprias contas, e muitas possuem família e filhos que dependem delas. Mas sabe como se resolve essa questão? **Planejando a contratação.**

No momento de contratar o nosso primeiro colaborador, organizamos com antecedência nosso financeiro, reservando o valor referente ao salário dele por seis meses, assim, se tudo desse errado, teríamos esse período para mantê-lo trabalhando, sem atrasar seu salário, e, como empresa, poderíamos nos organizar sem a pressão de não ter dinheiro para a folha de pagamento. Funcionário é investimento, e precisa ser planejado como qualquer outro investimento que a sua empresa vá fazer - você não achou que o capítulo anterior sobre o financeiro foi à toa, não é?

Além do salário, você também tem a responsabilidade de cumprir com o registro desse funcionário em caso de CLT e contratos em caso de estagiário ou PJ, e nos três casos não é preciso se preocupar, tentando adivinhar como fazer, basta buscar auxílio de uma consultoria jurídica e do seu contador, que irá realizar o processo de contratação. Muitos empreendedores do digital torcem o nariz para este ponto, para a burocracia que envolve a contratação formal de um profissional, mas eu reforço que o digital não é mais uma terra sem lei, e que quem continuar se arriscando não estará no mercado nos anos que estão por vir.

## TIPOS DE LIDERANÇA

- **LIDERANÇA AUTOCRÁTICA**: este modelo tem como figura central o líder. É o mais enraizado na cultura organizacional, no qual as ordens partem do chefe e os colaboradores apenas executam; não há espaço para questionamentos. É um modelo antigo e que costuma criar insatisfação nos funcionários e aumentar as chances de tensões e conflitos nos momentos de crise, além de isolar a figura na liderança - afinal, se os funcionários nunca tiveram espaço, por que irão ajudá-lo nos momentos de problemas?

- **LIDERANÇA LIBERAL**: é o contraponto da autocrática. Aqui o foco são os colaboradores, que recebem um tipo de monitoramento quando são recém-chegados, mas, conforme vão ganhando tempo na empresa, passam a ter liberdade para desempenhar as tarefas sem a necessidade de prestar contas. No começo pode ser algo muito positivo para a empresa, entretanto, a falta de liderança prejudica tanto os colaboradores, já que uma hora todo mundo precisa ser comandado e saber para onde ir, quanto a organização como um todo, que pode virar um barco à deriva, um cachorro de diversos donos.
- **LIDERANÇA DEMOCRÁTICA**: o equilíbrio é sempre o melhor caminho, e é nesse sentido que segue a liderança democrática, focando no líder e no liderado. Este formato encoraja o time a dar sugestões e opiniões, propor mudanças e novas melhorias, e o líder age como um facilitador e condutor desses colaboradores rumo aos objetivos da organização. É um pensamento coletivo, mas no qual, em momentos decisivos, o time sabe que a liderança tem a palavra final, levando em conta as diversas opiniões.
- **LIDERANÇA COACHING**: o principal diferencial deste modelo é que ele é focado na performance do time, então o líder atua para identificar e potencializar o melhor de cada

pessoa que ele possui em sua equipe. Cooperação, confiança e crescimento contínuo e conjunto são as palavras que definem esta liderança.

- **LÍDER SITUACIONAL**: este formato é bem interessante, mas exigirá um preparo maior do líder. Isso porque é focado em atuar de acordo com o nível de cada colaborador (levando em conta o desempenho x competência), o que exige versatilidade maior de você como líder para saber qual comportamento aplicar em cada situação.

Aqui na Vê posso dizer que temos um pouquinho de liderança democrática, coaching e situacional, priorizando sempre liderar pelo exemplo. Nós, eu e a Bibi, somos o nosso Código de Cultura, e sempre buscamos reforçar isso para o time, afinal, não posso esperar que eles vejam sentido e o sigam se nós duas não o fizermos.

Um dos nossos valores é que o nosso time traga a solução junto com o problema, e esse é um dos pontos da nossa forma de gerenciar, oferecer espaço para que eles exerçam as ideias e sugestões, proponham novos olhares para novas soluções, entretanto eles também sabem que não estão à deriva para resolver tudo sozinhos.

As duas figuras de liderança são bem definidas na Vê: assuntos administrativos e financeiros são de competência da Bibi, e a estratégia do negócio fica comigo, portanto, eu não atravesso as decisões dela e vice-versa, e o time também sabe que não pode ultrapassar comigo o que compete a ela. Esse é um ponto importante em empresas com mais de um sócio: o espaço e a competência de cada um devem ficar claros não só para vocês, mas também para a equipe.

Mas o principal ponto que eu quero destacar neste capítulo é que **não existe gestão sem se importar**, aliás, ter gestão de pessoas é se importar com quem faz parte da sua empresa. Não é sobre ter uma empresa divertida ou sobre benefícios, é sobre desenvolver preparo para receber esse colaborador, fazê-lo se enturmar no seu time, saber mostrar a ele que tipo de resultados se espera e o que ele precisa desempenhar. É sobre desenvolver as ferramentas necessárias para que aquele colaborador entregue o melhor dele para o projeto e queira fazer isso.

Já disse e repito: ninguém nasce líder.

Você pode ter algumas características que te inclinem a ter maior facilidade para esse papel, mas isso não garante que terá sucesso no desafio se não se importar com quem está liderando, se não gostar e entender de pessoas, se não tiver bagagem técnica para conversar com os mais diversos perfis de profissionais. Acima de tudo, um bom líder precisa se adaptar aos cenários.

O marketing digital tem trazido uma nova geração de profissionais, em idade e mentalidade, que pode ser muito diferente dos locais em que você já trabalhou e até das pessoas que já liderou. O mercado também trouxe essa "novidade" do trabalho remoto e híbrido, por isso é preciso entender as novas dinâmicas de trabalho para que consiga desempenhar o seu papel.

Uma empresa é feita de pessoas, mesmo que existam muitas máquinas e softwares que desempenham tantas soluções, e todos os ensinamentos deste livro resultam em você ter uma empresa que seja melhor e desenvolva soluções para elas.

Os processos são pensados para que tiremos o melhor de nós mesmos e nos sobre mais tempo para criar, esse é o grande trunfo do marketing digital. O Código de Cultura é criado a partir de pessoas e reflete o que uma comunidade quer dizer ao mundo através dos seus serviços e produtos, enquanto o branding visa mostrar essa marca para o mundo e fazer com que mais pessoas queiram trabalhar ali.

O mercado digital existe pelas pessoas e para as pessoas.

Cabe a nós, que já estamos nele, e a você, que é novo por aqui, abrir caminho para que mais pessoas deixem sua marca nele.

# CARTA PARA 2031

Como mencionei no livro, a minha empresa não está sendo preparada para atingir seu ápice hoje, mas sim pensada para estar no auge e entre as líderes do mercado digital que se desenha para os próximos dez anos.

O cenário digital no Brasil ainda está se formando, como uma criança testando seus limites, deixando de engatinhar e dando os seus primeiros passos. Ainda se apoia em mesas e cadeiras pelo caminho, em um cenário com brechas para empreender na informalidade, e empurra com a barriga, onde muitas empresas e empreendedores se aventuram com pouca ou nenhuma pretensão concreta sobre seu desenvolvimento.

Entretanto, também é um mercado de crescimento precoce e acelerado, não é nem de longe o mesmo de quando surgiu no país, nem será o que teremos ao longo dos próximos dez anos. Como acontece em todos os mercados, se encarregará de subir cada vez mais a régua de qualidade para as empresas que querem criar e manter seus negócios nele.

É para esse mercado digital que a minha empresa é desenvolvida. Para aquele no qual não há espaço para falta de estruturação e processos, com consumidores exigentes por qualidade de serviços e entrega, ao lado de empresas que se preocupam em colaborar para o crescimento. Em dez anos, o mercado digital não estará saturado, mas estabilizado, e mercados estáveis são feitos para empresas bem estruturadas.

A maioria dos conceitos que eu apresentei ao longo deste livro não é a invenção da roda. Eles estão espalhados e sendo colocados em prática por grandes corporações há muitos anos e seguirão sendo aperfeiçoados e adaptados pelos próximos dez, vinte, trinta anos. É como aquela camiseta preta que você certamente tem no armário, que vai do churrasco para o trabalho, da igreja para a faculdade. Funciona há anos e continuará funcionando, basta saber como adaptar para cada situação e fase da vida.

É o caso da Trilha do Expert, o processo base da minha empresa, que me permite realizar os nossos lançamentos simultâneos. Ela tem como fonte o fordismo, sistema de produção industrial criado por Henry Ford, fundador da companhia Ford, que tinha como objetivo uma escala maior e mais eficiente. Estamos falando de um processo idealizado entre 1913 e 1914!

Muito provavelmente seguirei repetindo essas dicas e informações pela próxima década, até o momento em que elas se tornarão fundamentos enraizados no mercado digital, assim como são nas indústrias, por exemplo. Seguirei dentro do meu nicho de infoprodutos, destacando os motivos pelos quais **o futuro é das agências**, e não de lançadores independentes comuns. Mas isso é assunto para o próximo livro.

O que eu fiz desde a criação da Vê, e que explica o sucesso da empresa mesmo com pouco tempo de formação, foi justamente pegar esses conceitos e adaptar para a realidade e necessidade do mercado digital. O que eu fiz neste livro foi compartilhar essa base que funciona há muito tempo, aplicada no cenário digital e somada às minhas experiências boas e ruins ao longo dessa aplicação.

Então, proponho a você terminar este livro com uma reflexão: **onde você quer que a sua empresa esteja em 2031 dentro do mercado digital?**

Quer que ela seja uma empresa autossuficiente financeiramente, sem precisar continuar, mês a mês, lidando com o sufoco de olhar para a conta e não ter dinheiro para pagar os custos nem dos próximos dias?

Contar com uma equipe formada por profissionais motivados, engajados com os projetos da empresa e unidos em fazer a empresa se desenvolver, em entregar os melhores serviços e produtos para os clientes, em vez de apenas um grupo de freelancers, que têm pouco ou nenhum envolvimento com a empresa, que não se preocupam com a satisfação do cliente e o desenvolvimento do negócio, e apenas trabalham para receber seus pagamentos no final do mês?

Está feliz em apenas retirar o máximo de lucro que der no momento ou prefere criar uma base forte e saudável para que essa empresa continue gerando lucros constantes e maiores no futuro?

Almeja ter uma empresa que inspire e influencie outros negócios e seja uma marca no mercado digital brasileiro ou apenas ser mais uma com tempo de vida contado?

Convido você a refletir sobre a empresa que deseja para si e para este abundante mercado digital, e que este livro seja uma base para te ajudar a fazer sua escolha e construir o seu negócio.

Espero que possamos nos encontrar em 2031 para fazer um brinde à sua decisão!

*Abraços,*
*Ellen Salomão*

Esta obra foi composta por Maquinaria Editorial na família tipográfica FreightMacro Pro e IBM Plex. Cartão Triplex em 250g/m² – Miolo em Polen Soft 80g/m². Impresso pela gráfica Exklusiva em setembro de 2021.